ATLAS PORTATIF
A L'USAGE DES COLLEGES,
POUR SERVIR A L'INTELLIGENCE DES AUTEURS CLASSIQUES
Par M. L'Abbé GRENET Professeur au College de Lisieux.
DÉDIÉ
A L'UNIVERSITÉ DE PARIS.

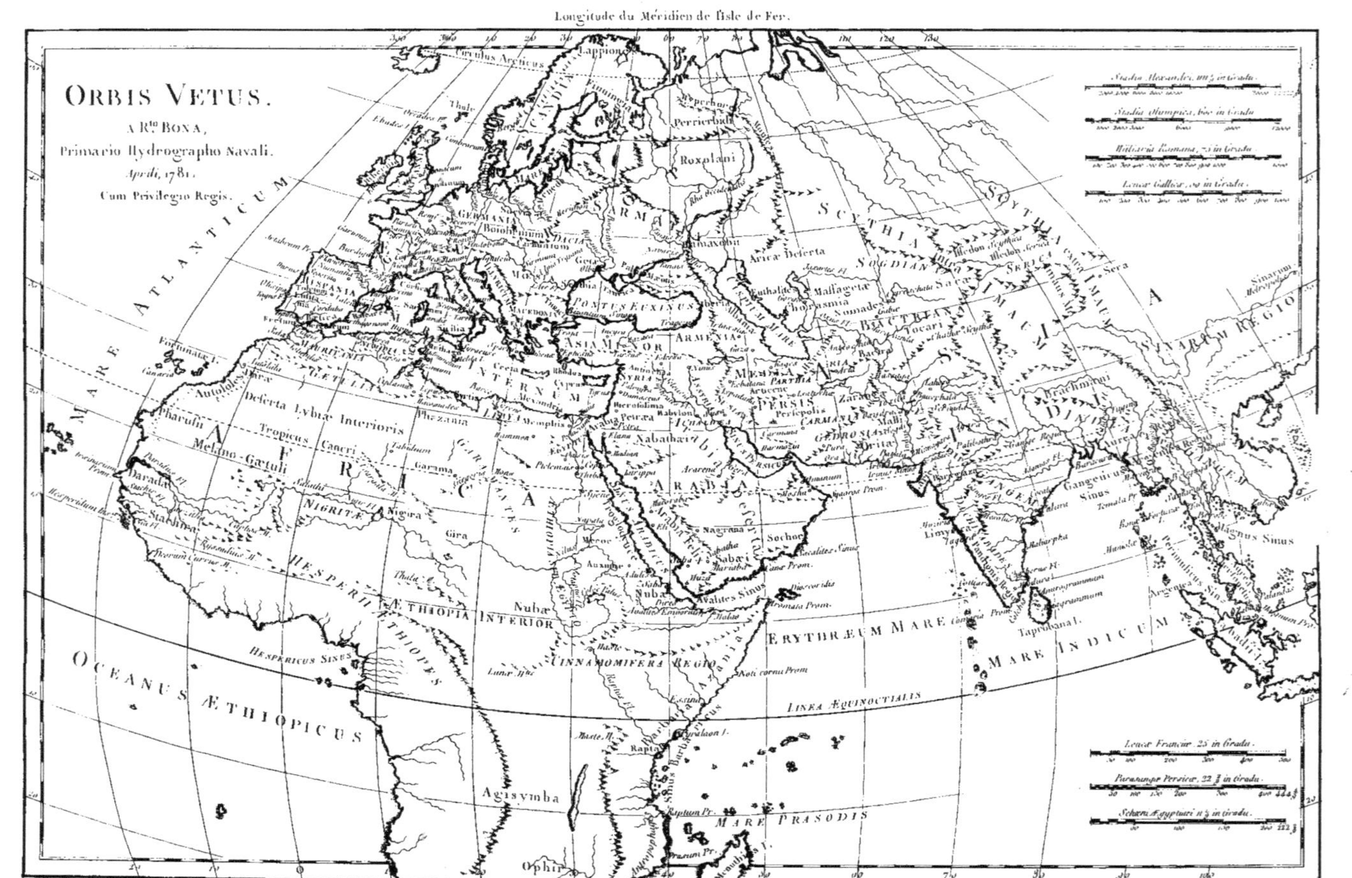
Longitude du Méridien de l'isle de Fer.
ORBIS VETUS.
A R.to BONA,
Primario Hydrographo Navali.
Aprili, 1781.
Cum Privilegio Regis.
MARE ATLANTICUM
OCEANUS ÆTHIOPICUS
AFRICA
ERYTHRÆUM MARE
MARE INDICUM
LINEA ÆQUINOCTIALIS
MARE PRASODIS
SCYTHIA
SCYTHIA extra IMAUM
SINARUM REGIO
ARABIA
PONTUS EUXINUS
ASIA MINOR
ARMENIA
HISPANIA
GERMANIA
Deserta Lybiæ Interioris
Tropicus Cancri
HESPERII ÆTHIOPES
ÆTHIOPIA INTERIOR
CINNAMOMIFERA REGIO
Agisymba
Ophir
Longitude du Méridien de Paris.

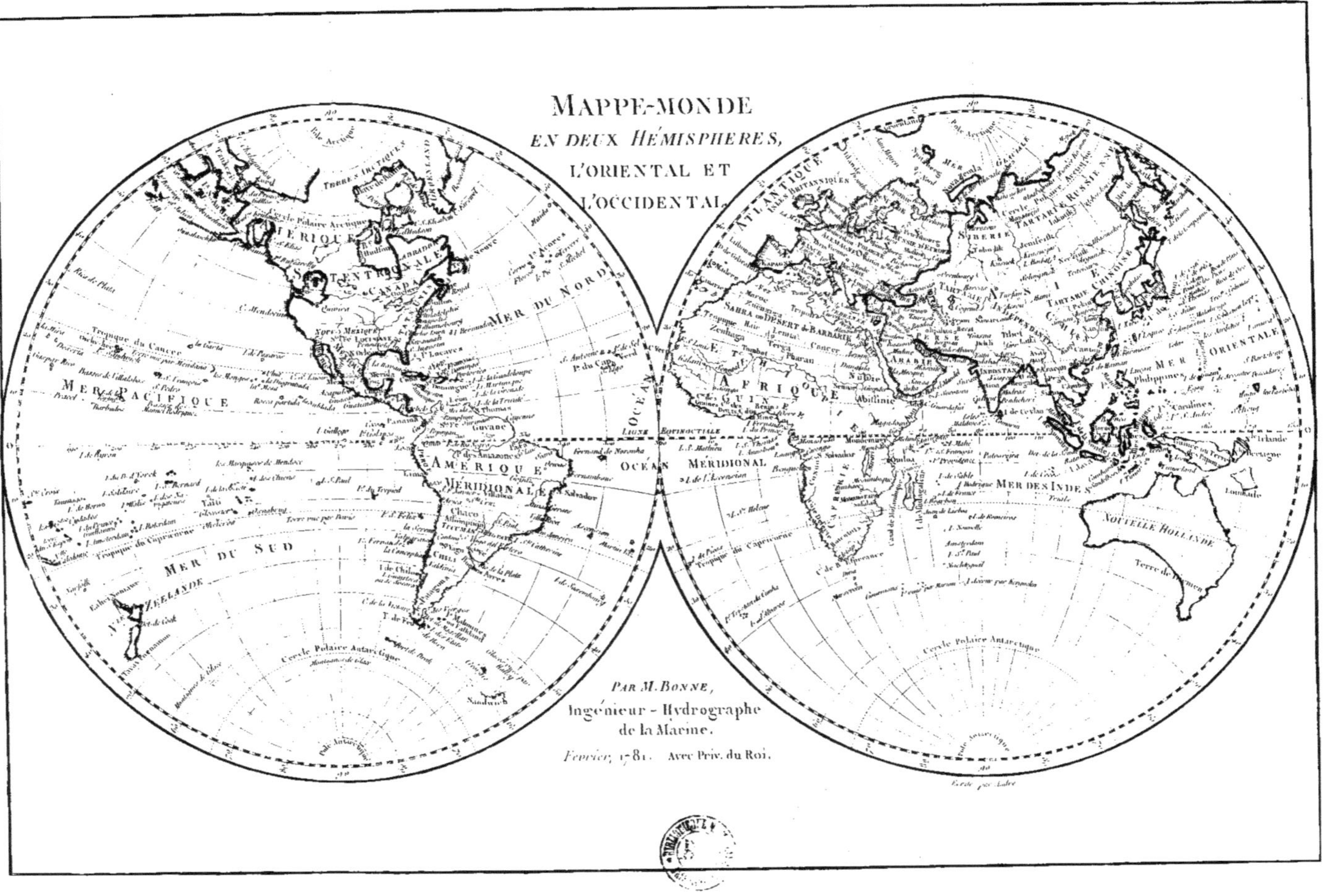
MAPPE-MONDE
EN DEUX HÉMISPHERES,
L'ORIENTAL ET
L'OCCIDENTAL.
PAR M. BONNE,
Ingénieur - Hydrographe
de la Marine.
Fevrier, 1781. Avec Priv. du Roi.
MER DU NORD
MER PACIFIQUE
MER DU SUD
AMERIQUE MERIDIONALE
OCEAN MERIDIONAL
AFRIQUE
MER DES INDES
MER ORIENTALE
NOUVELLE HOLLANDE
CANADA
ATLANTIQUE
Tropique du Cancer
Tropique du Capricorne
Cercle Polaire Arctique
Cercle Polaire Antarctique
LIGNE EQUINOCTIALE

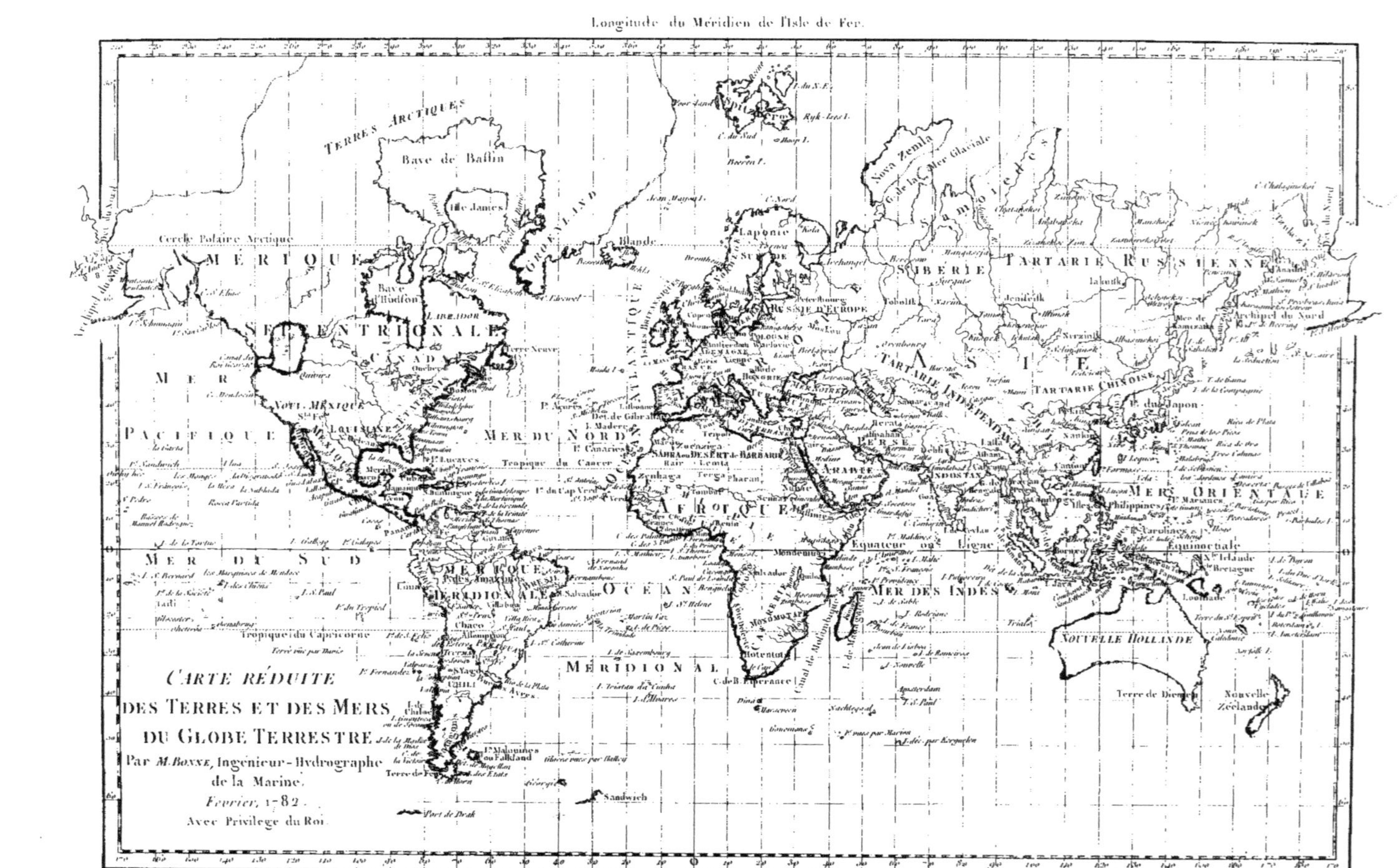

Longitude du Méridien de l'Isle de Fer.
CARTE RÉDUITE
DES TERRES ET DES MERS
DU GLOBE TERRESTRE
Par M. BONNE, Ingénieur-Hydrographe
de la Marine.
Fevrier, 1782.
Avec Privilege du Roi.
TERRES ARCTIQUES
Baye de Baffin
GROENLAND
Cercle Polaire Arctique
AMÉRIQUE SEPTENTRIONALE
CANADA
LABRADOR
Baye d'Hudson
NOUV. MEXIQUE
LOUISIANE
MER PACIFIQUE
MER DU NORD
OCÉAN ATLANTIQUE
Tropique du Cancer
AMÉRIQUE MÉRIDIONALE
MER DU SUD
OCÉAN MÉRIDIONAL
Tropique du Capricorne
AFRIQUE
EUROPE
ASIE
SIBERIE
TARTARIE RUSSIENNE
TARTARIE CHINOISE
TARTARIE INDEPENDANTE
Nova Zemla
Mer Glaciale
MERS ORIENTALE
MER DES INDES
Equateur ou Ligne Equinoctiale
NOUVELLE HOLLANDE
Terre de Diemen
Nouvelle Zélande
Longitude du Méridien de Paris.

CARTE DE LA DIRECTION DES VENTS GÉNÉRAUX ET DES MOUSSONS

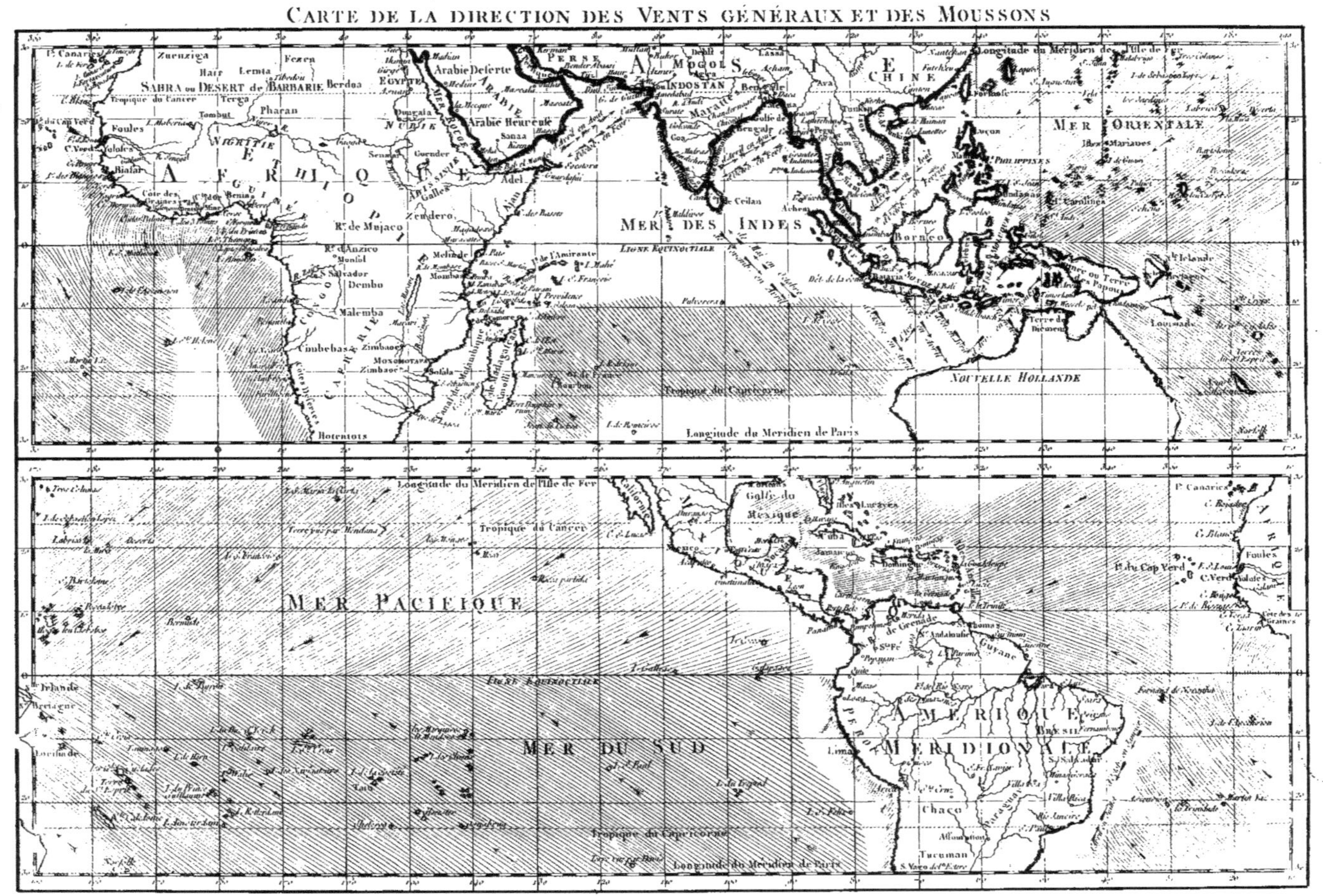

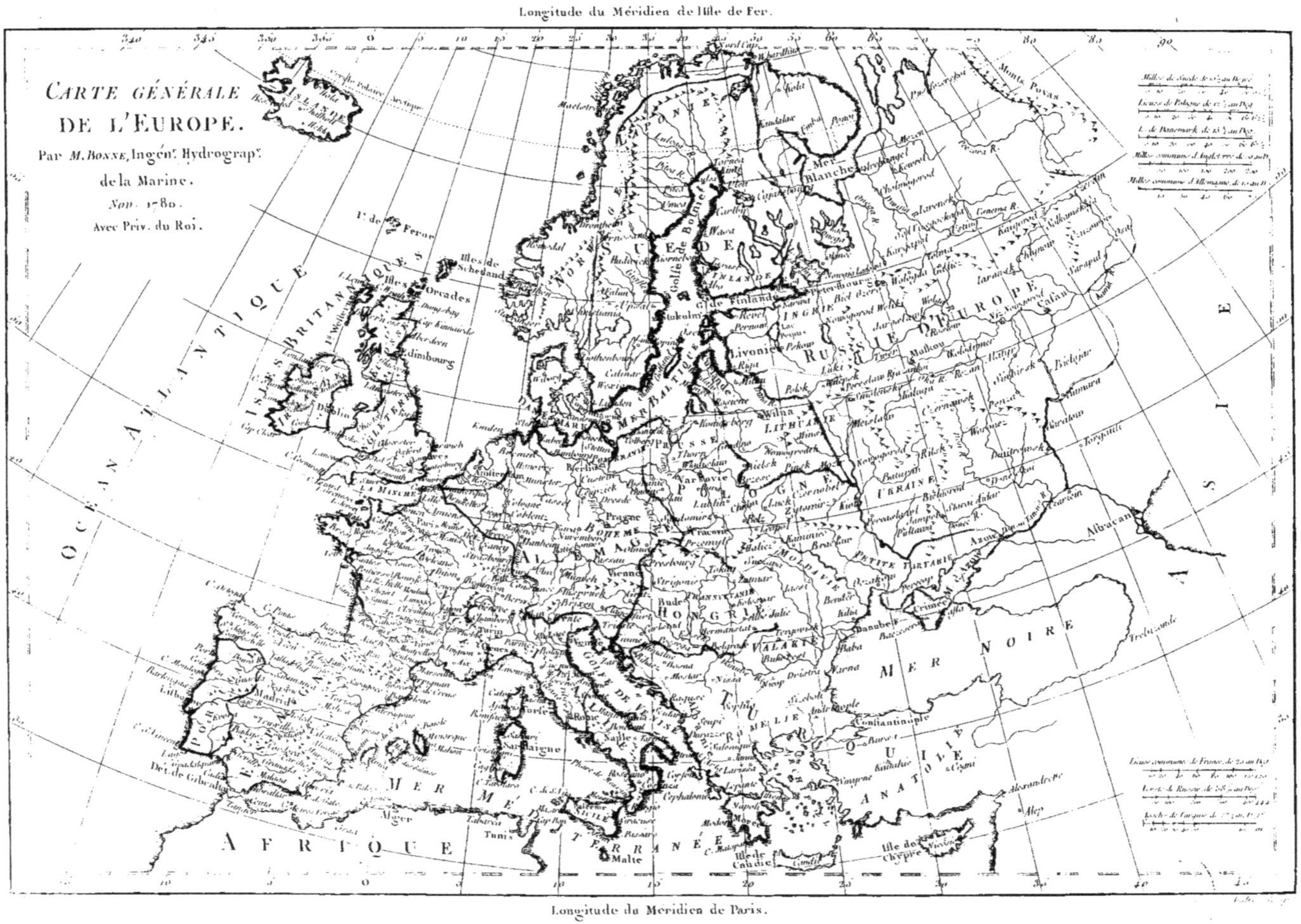

Longitude du Méridien de l'Isle de Fer.

CARTE GÉNÉRALE DE L'EUROPE.

Par M. BONNE, Ingén.r Hydrograp.e de la Marine.

Nov. 1780.

Avec Priv. du Roi.

OCEAN ATLANTIQUE

ISLES BRITANIQUES

ISLANDE

SUEDE

RUSSIE D'EUROPE

POLOGNE

ALLEMAGNE

HONGRIE

TURQUIE

MER NOIRE

MER MÉDITERRANÉE

AFRIQUE

ASIE

ANATOLIE

Longitude du Méridien de Paris.

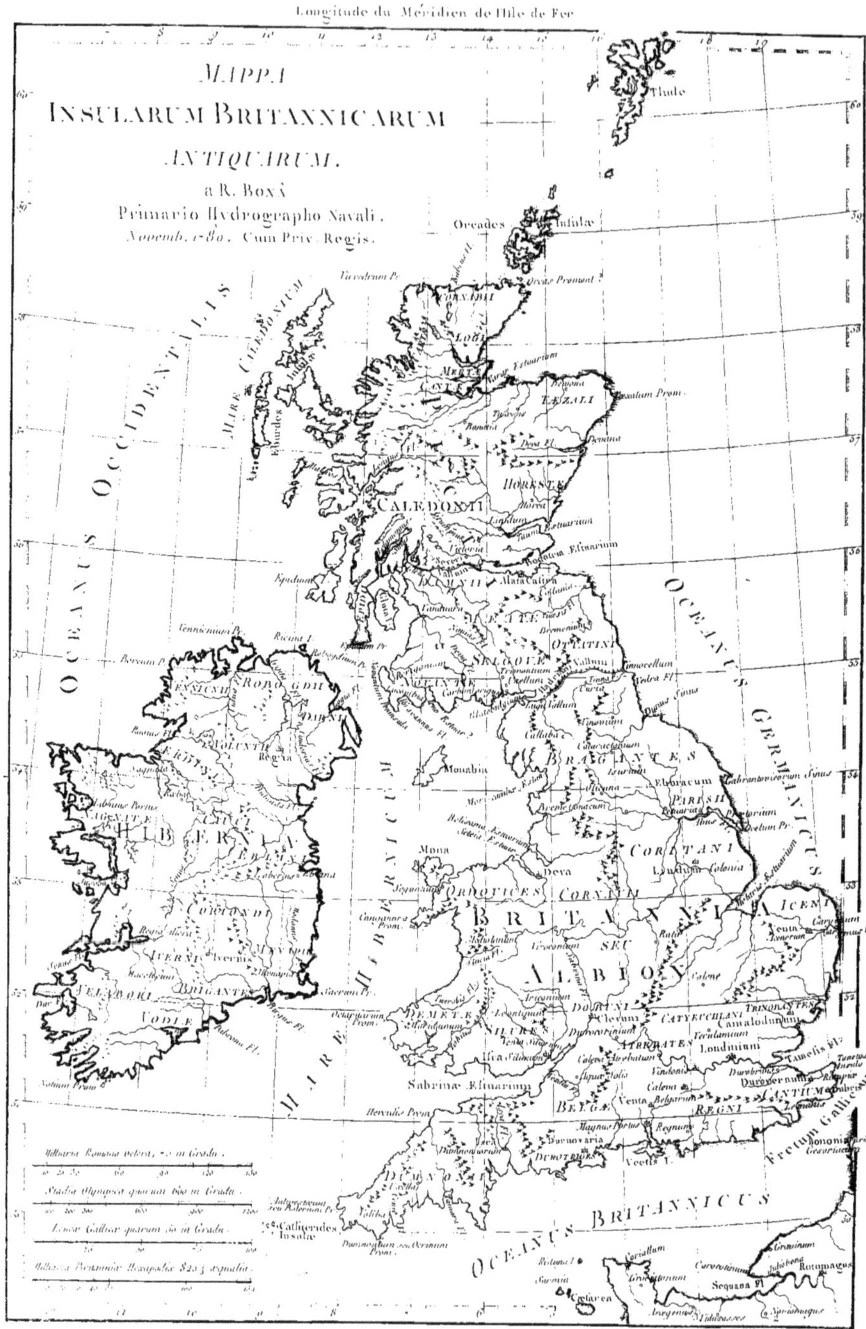
Longitude du Méridien de l'Isle de Fer
MAPPA
INSULARUM BRITANNICARUM
ANTIQUARUM.
a R. Bonà
Primario Hydrographo Navali.
Novemb. 1780. Cum Priv. Regis.
Thule
Orcades Insulæ
OCEANUS OCCIDENTALIS
MARE CALEDONIUM
CALEDONII
HORESTI
TÆZALI
OCEANUS GERMANICUS
HIBERNIA
BRITANNIA
ALBION
CORITANI
BRIGANTES
ICENI
TRINOBANTES
CATYEUCHLANI
ATREBATES
DOBUNI
SILURES
DEMETÆ
ORDOVICES
CORNAVII
DUMNONII
DUROTRIGES
BELGÆ
REGNI
CANTIUM
Eboracum
Londinium
Camalodunum
Mona
Monabia
Dova
Sabrinæ Æstuarium
MARE HIBERNICUM
OCEANUS BRITANNICUS
Fretum Gallicum
Vectis I.
Sequana Fl.
Rotomagus
Cæsarea
Longitude du Méridien de Paris.
André sculp.

Longitude du Méridien de l'Isle de Fer.
CARTE DES ROYAUMES D'ANGLETERRE, D'ÉCOSSE ET D'IRLANDE.
Par M. Bonne Ingenieur-Hydrographe de la Marine.
Nov. 1780.
Avec Privil. du Roi.
MER D'ÉCOSSE
MER D'IRLANDE
MER D'ALLEMAGNE
CANAL ST. GEORGE
LA MANCHE
ISLES ORCADES
SCHETLAND
Milles Anglais statués de 69 ½ au Degré.
Milles d'usage, de 60 au Degré.
Lieues communes de France, de 25 au Degré.
Lieues Marines, de 20 au Degré.
Longitude du Méridien de Paris.

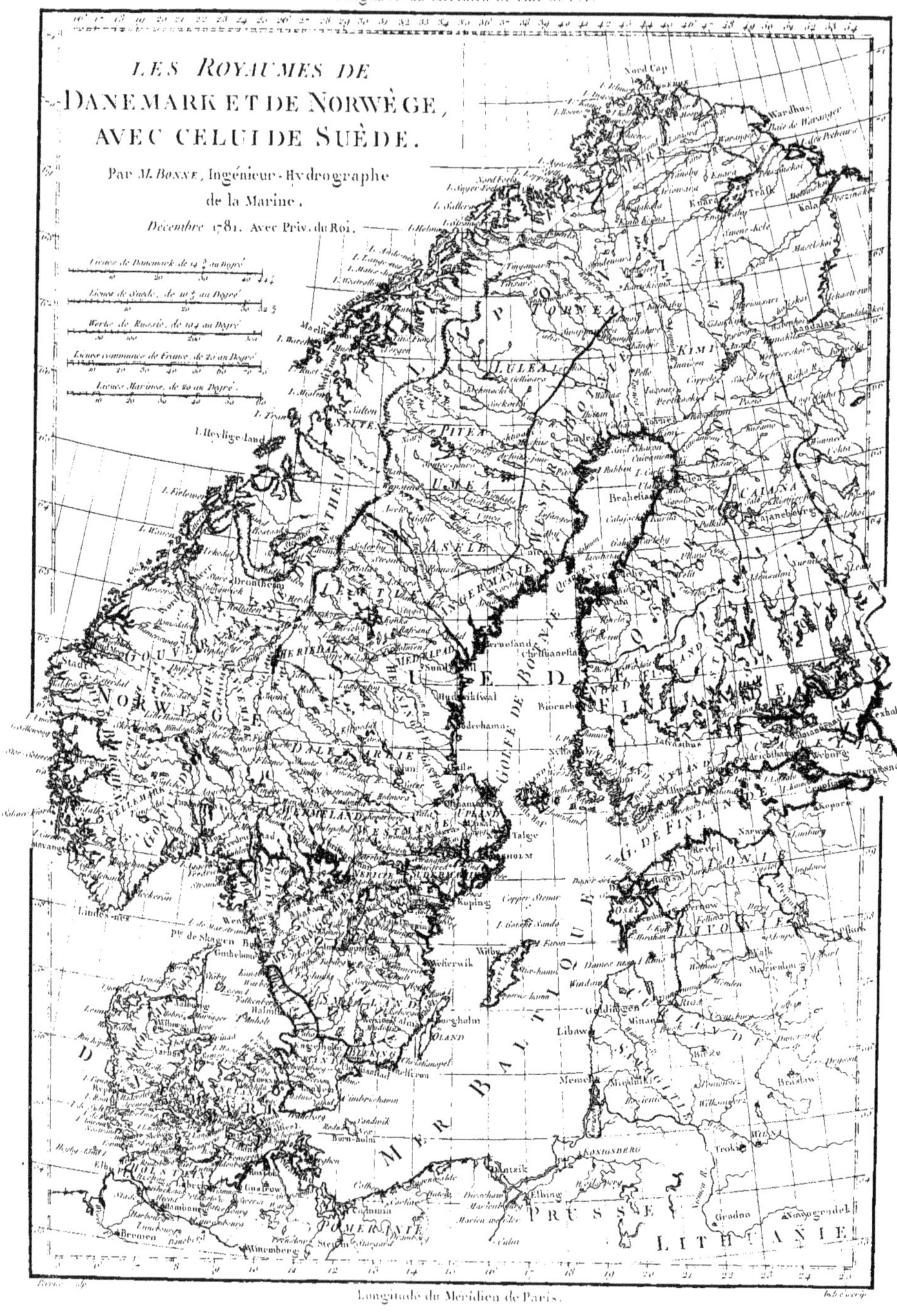

Longitude du Méridien de l'Isle de Fer.
LES ROYAUMES DE
DANEMARK ET DE NORWÈGE,
AVEC CELUI DE SUÈDE.
Par M. Bonne, Ingénieur-Hydrographe
de la Marine.
Décembre 1781. Avec Priv. du Roi.
Lieues de Suède, de 10 ⅔ au Degré
Werste de Russie, de 104 au Degré
Lieues communes de France, de 25 au Degré
Lieues Marines, de 20 au Degré
Nord Cap
Wardhus
Kola
TORNEA
LULEA
PITEA
UMEA
ASELE
LEMTLAND
INGERMANIE
Drontheim
NORWEGE
DALECARLIE
WERMELAND
UPLAND
GOLFE DE BOTNIE
FINLANDE
G. DE FINLANDE
Revel
Narwa
CARELIE
Wiborg
Stockholm
GOTHLAND
OLAND
Libaw
Memel
COURLANDE
LIVONIE
MER BALTIQUE
Dantzik
Elbing
KONIGSBERG
PRUSSE
LITHUANIE
POMERANIE
HOLSTEIN
Bremen
Stettin
Longitude du Méridien de Paris.

Longitude du Méridien de l'Isle de Fer
PARTIE EUROPEENNE
DE L'EMPIRE DE RUSSIE.
Par M. BONNE, Ingén.r - Hydrographe
de la Marine.
Juillet, 1781.
Avec Privilege du Roi.
GRANDE RUSSIE
SAMOIEDES
GOUV.T D'ARCHANGEL
GOUV.T D'ASTRACAN
PERMIA
BASKIRS
LITHUANIE
PETITE TARTARIE
CRIMEE
MER D'AZOW
KUBAN
CIRCASSIE
MER BLANCHE
Golfe de Finlande
Kalguew Ostrow
Wardhus
Kola
Archangel
Moskou
Kalouga
Samara
Saratow
Orenbourg
Azow
Akerman
Longitude du Méridien de Paris

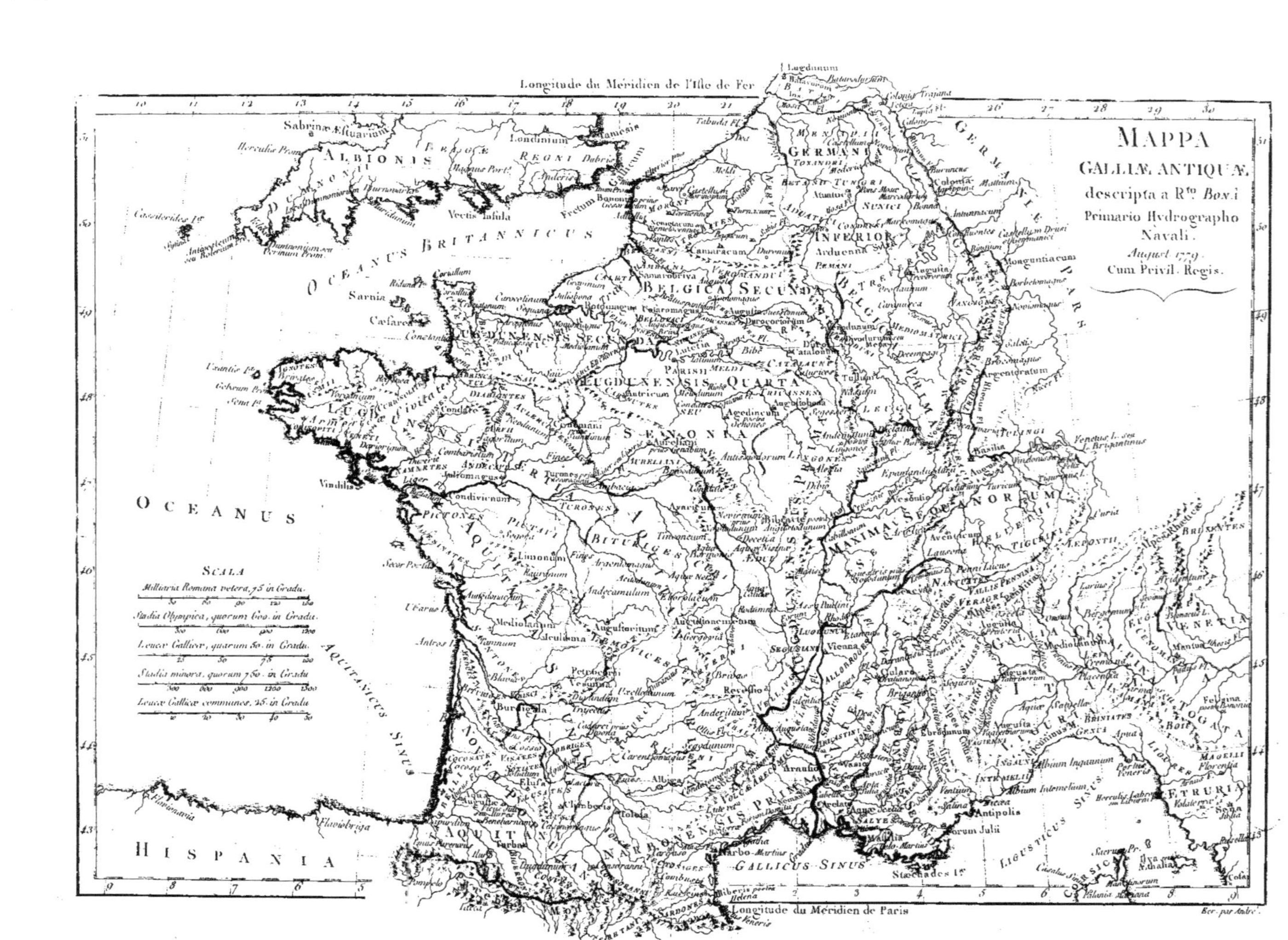
MAPPA
GALLIÆ ANTIQUÆ,
descripta a R^{to} Boni
Primario Hydrographo
Navali.
August. 1779.
Cum Privil. Regis.
Longitude du Méridien de l'Isle de Fer
Longitude du Méridien de Paris
SCALA
Milliaria Romana vetera, 75 in Gradu.
Stadia Olympica, quorum 600 in Gradu.
Leucæ Gallicæ, quarum 50 in Gradu.
Stadia minora, quorum 750 in Gradu.
Leucæ Gallicæ communes, 25 in Gradu.
OCEANUS
OCEANUS BRITANNICUS
AQUITANICUS SINUS
GALLICUS SINUS
HISPANIA
ALBIONIS
GERMANIA
GERMANIÆ PARS
BELGICA SECUNDA
LUGDUNENSIS SECUNDA
LUGDUNENSIS QUARTA
SENONIA
MAXIMA SEQUANORUM
AQUITANIA
NARBONENSIS PRIMA
NOVEM POPULANA
ITALIA
Londinium
Vectis Insula
Condivienum
Burdigala
Tolosa
Vienna
Antipolis
Stœchades Ins.
Ecr. par André.

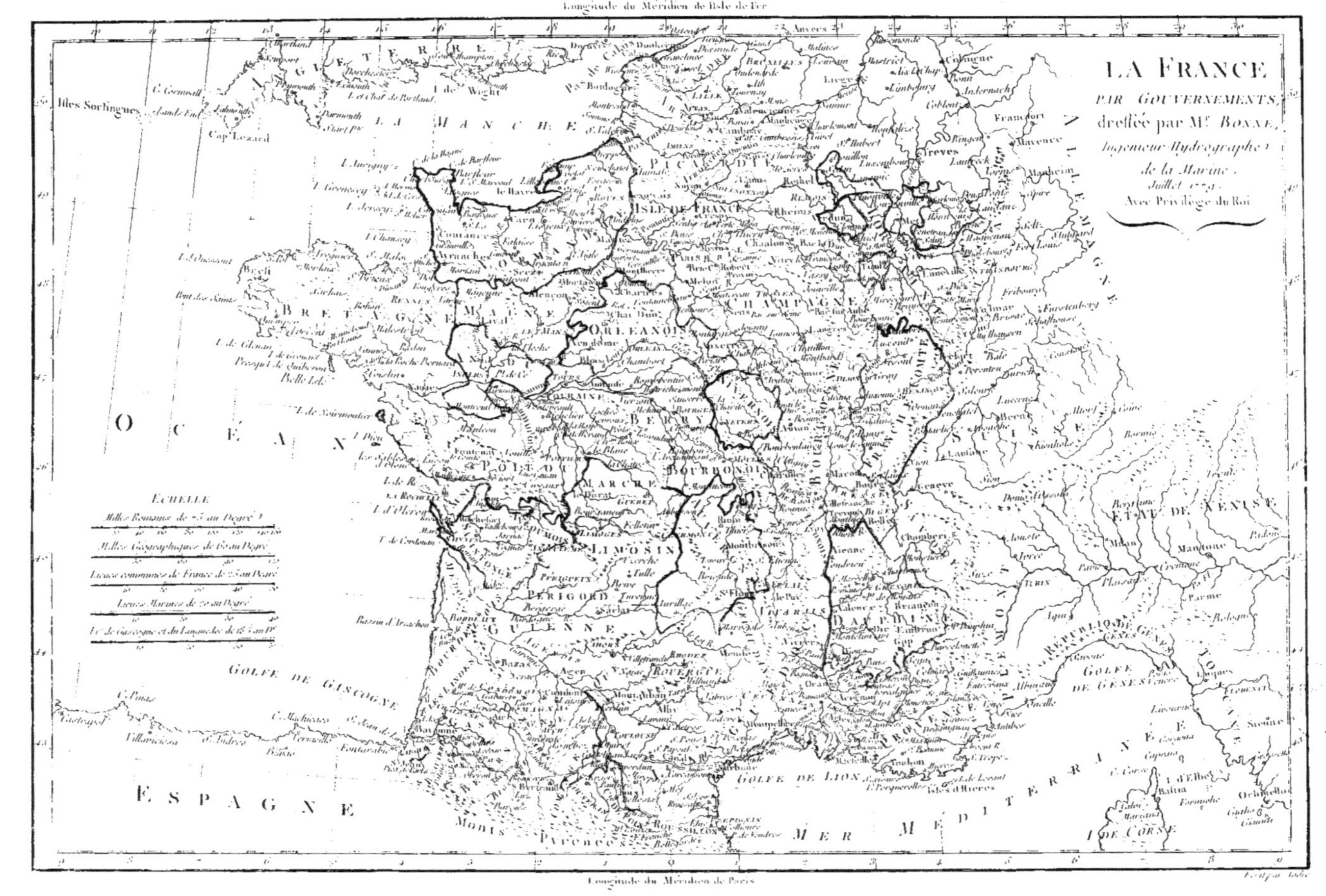

LA FRANCE
PAR GOUVERNEMENTS,
dressée par Mr. Bonne,
Ingenieur Hydrographe
de la Marine.
Juillet
Avec Privilège du Roi
Longitude du Méridien de l'Isle de Fer
Longitude du Méridien de Paris
ECHELLE
Milles Romains de 75 au Degré
Milles Géographiques de 60 au Degré
Lieues communes de France de 25 au Degré
Lieues Marines de 20 au Degré
Les de Gascogne et du Languedoc de 18 au Dre
ANGLETERRE
LA MANCHE
ALLEMAGNE
OCÉAN
GOLFE DE GASCOGNE
ESPAGNE
Monts Pyrenées
GOLFE DE LION
MER MEDITERRANÉE
GOLFE DE GENES
I. DE CORSE
SUISSE
PICARDIE
ISLE DE FRANCE
CHAMPAGNE
BRETAGNE
MAINE
ORLEANOIS
BERRY
POITOU
MARCHE
LIMOSIN
BOURBONOIS
PERIGORD
GUIENNE
ROUERGUE
DAUPHINÉ
Isles Sorlingues
Cap Lezard

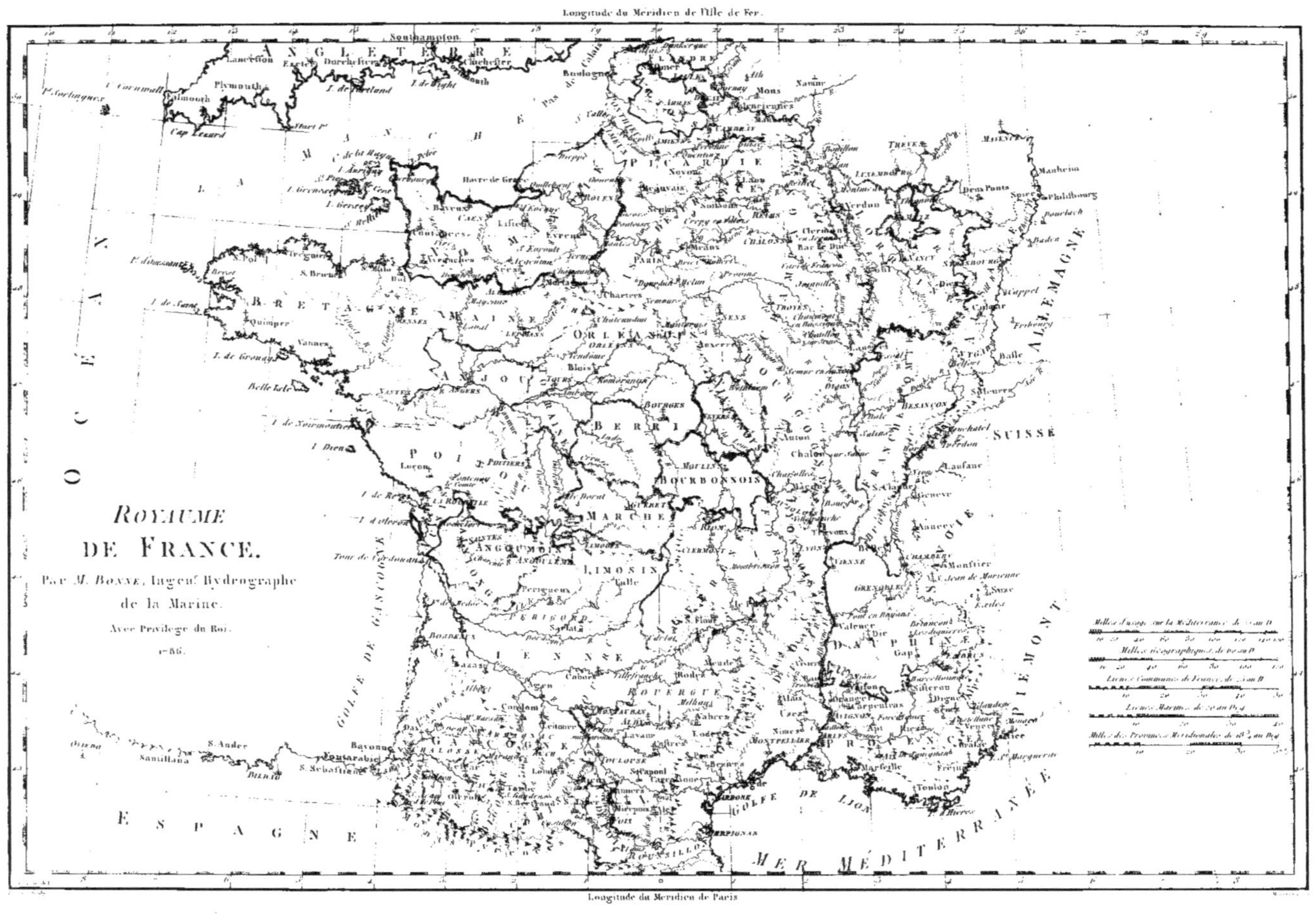
Longitude du Meridien de l'Isle de Fer.
ROYAUME
DE FRANCE.
Par M. BONNE, Ingenr. Hydrographe
de la Marine.
Avec Privilege du Roi.
1786.
ANGLETERRE
LA MANCHE
OCÉAN
GOLFE DE GASCOGNE
ESPAGNE
MER MÉDITERRANÉE
GOLFE DE LION
ALLEMAGNE
SUISSE
PIÉMONT
BRETAGNE
PICARDIE
ORLEANOIS
BERRI
BOURBONNOIS
MARCHE
LIMOSIN
POITOU
GUIENNE
GASCOGNE
ROUERGUE
DAUPHINÉ
PROVENCE
Longitude du Meridien de Paris

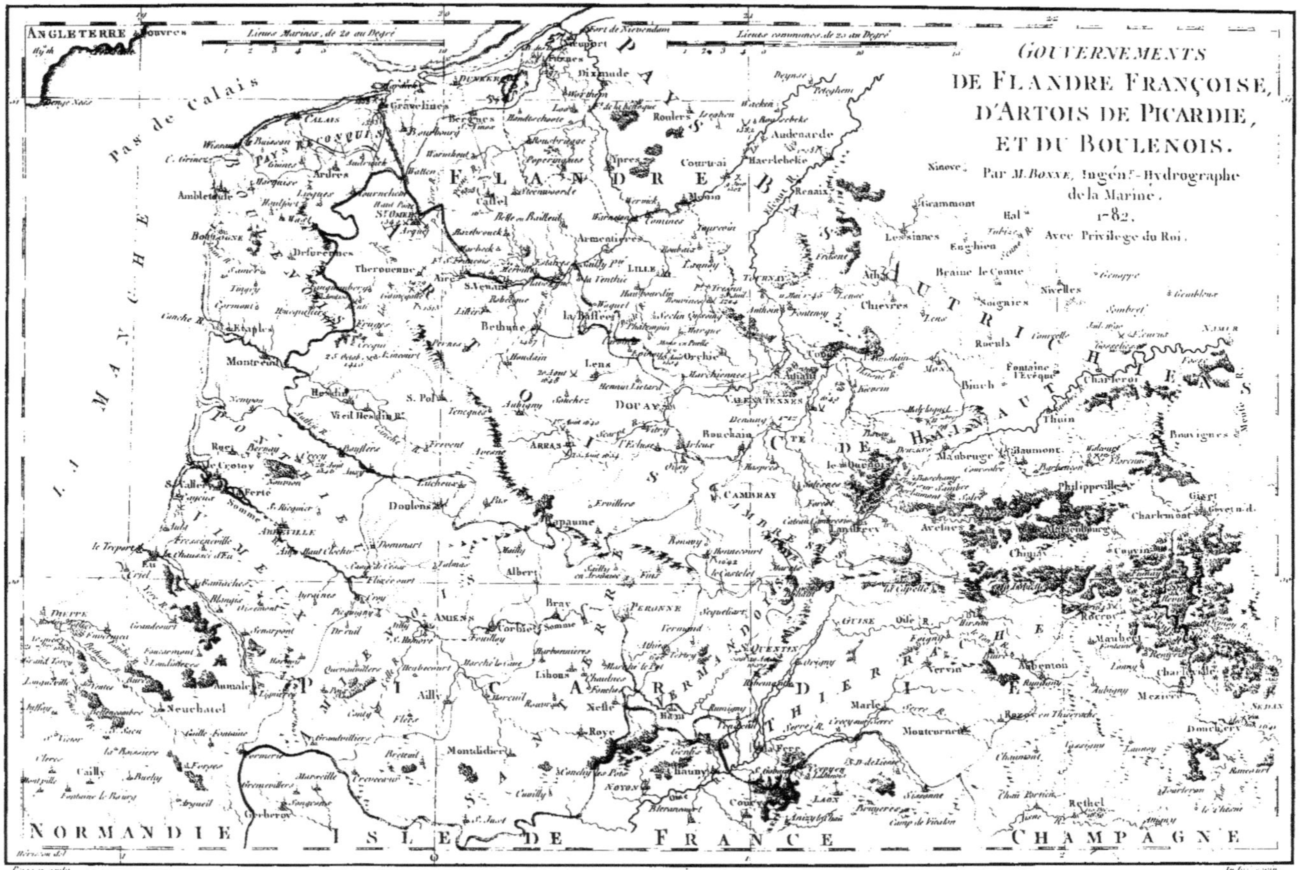

Longitude du Méridien de l'Isle de Fer.

GOUVERNEMENTS DE FLANDRE FRANÇOISE, D'ARTOIS DE PICARDIE, ET DU BOULENOIS.

Par M. BONNE, Ingénr. Hydrographe de la Marine.

1782.

Avec Privilege du Roi.

Lieues Marines, de 20 au Degré

Lieues communes, de 25 au Degré

ANGLETERRE

Pas de Calais

LA MANCHE

PAYS BAS AUTRICHIENS

FLANDRE

ARTOIS

BOULENOIS

PONTHIEU

VIMEUX

PICARDIE

SANTERRE

VERMANDOIS

THIERACHE

CAMBRESIS

Cté DE HAINAUT

NORMANDIE

ISLE DE FRANCE

CHAMPAGNE

Longitude du Méridien de Paris.

Longitude du Méridien de l'Isle de Fer.

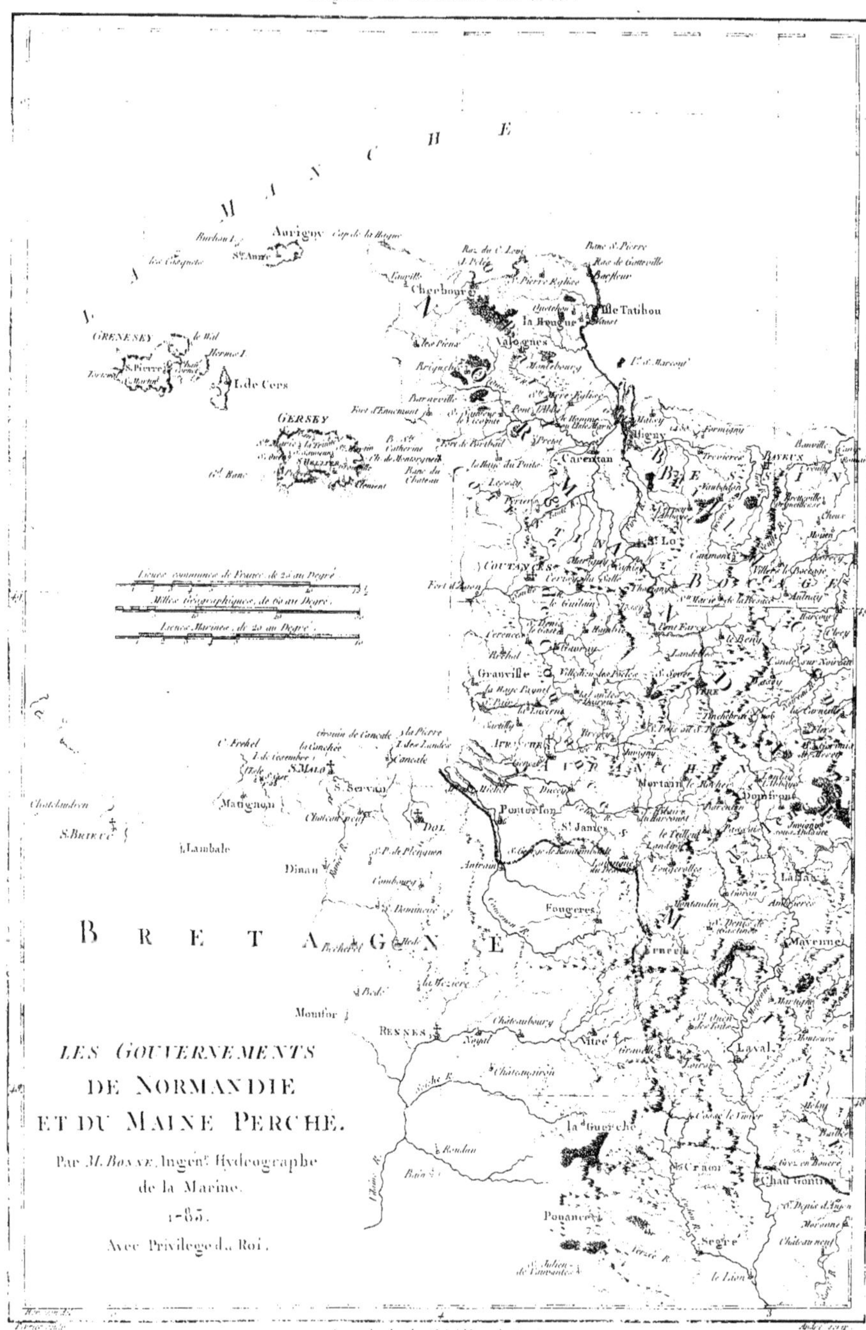

Longitude du Méridien de Paris.

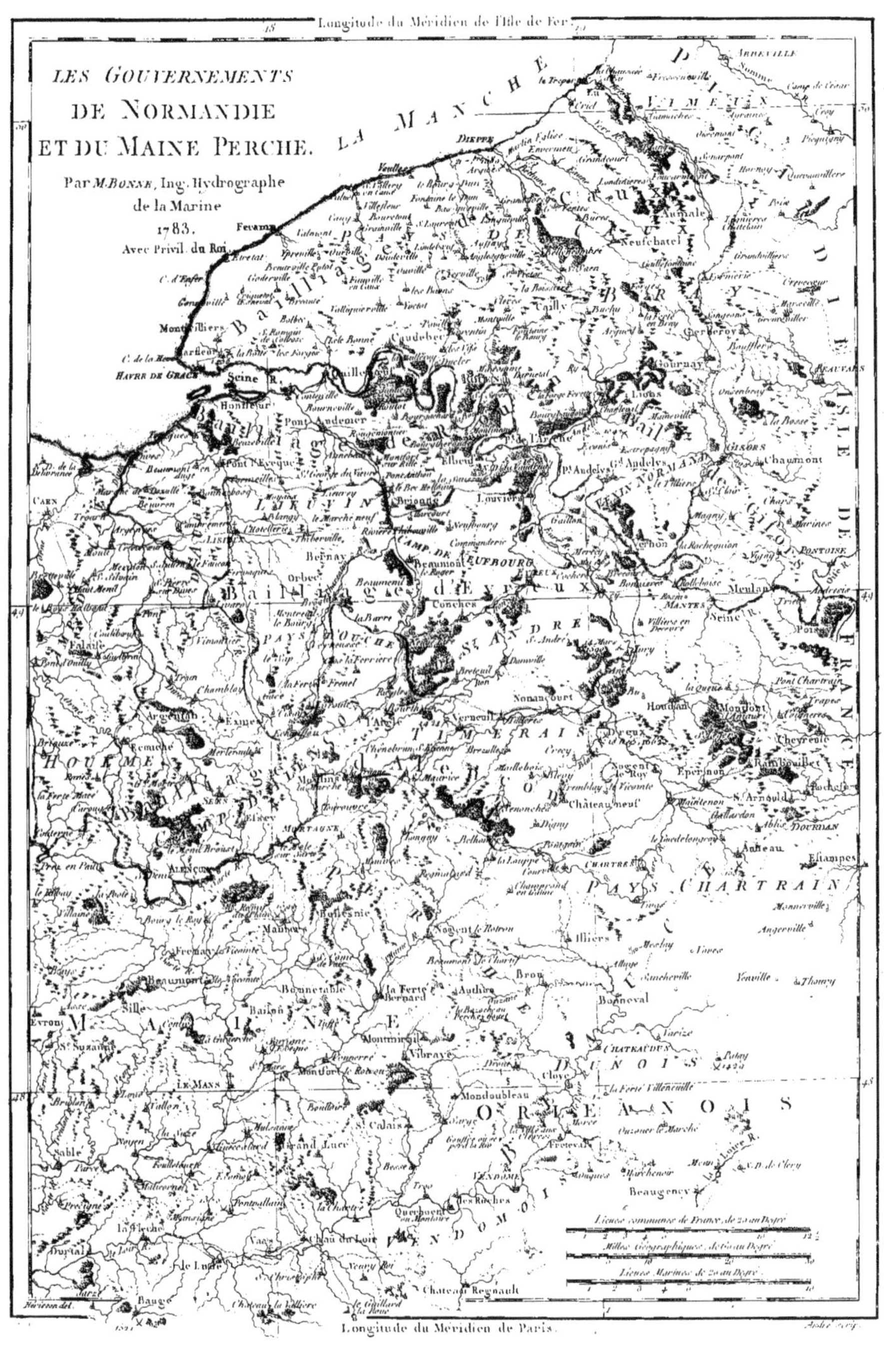
Longitude du Méridien de l'Isle de Fer
LES GOUVERNEMENTS
DE NORMANDIE
ET DU MAINE PERCHE.
Par M. BONNE, Ing. Hydrographe
de la Marine
1783.
Avec Privil. du Roi.
LA MANCHE
DIEPPE
HAVRE DE GRACE
Seine R.
PAYS CHARTRAIN
ORLEANOIS
CHARTRES
LE MANS
Lieues communes de France, de 25 au Degré
Milles Géographiques, de 60 au Degré
Lieues Marines de 20 au Degré
Longitude du Méridien de Paris

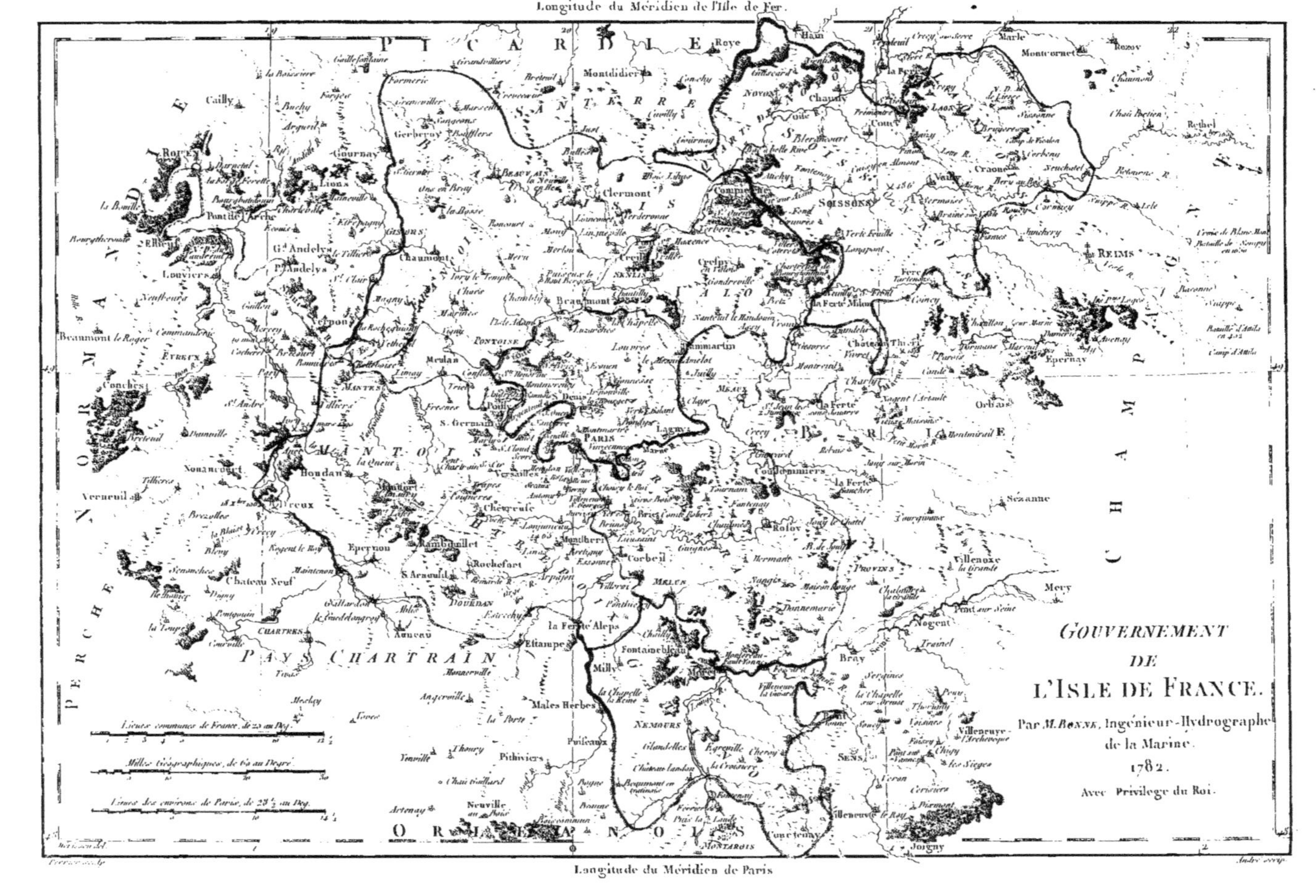
Longitude du Méridien de l'Isle de Fer.
GOUVERNEMENT
DE
L'ISLE DE FRANCE.
Par M. BONNE, Ingénieur-Hydrographe
de la Marine.
1782.
Avec Privilege du Roi.
Lieues communes de France, de 25 au Deg.
Milles Géographiques, de 60 au Degré.
Lieues des environs de Paris, de 28 ½ au Deg.
Longitude du Méridien de Paris
PICARDIE
NORMANDIE
PERCHE
PAYS CHARTRAIN
ORLEANOIS
CHAMPAGNE
BRIE
PARIS

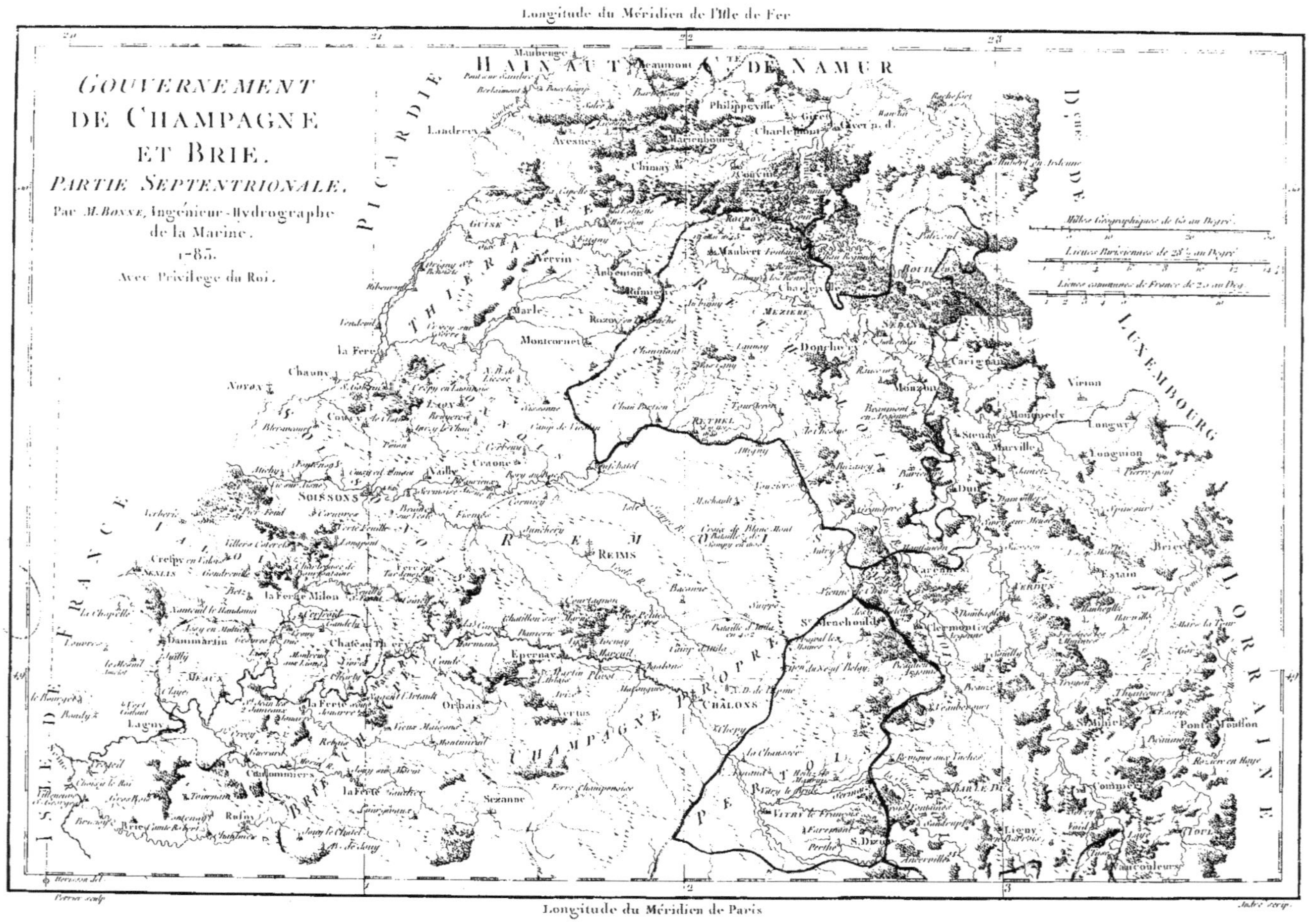

Longitude du Méridien de l'Isle de Fer

GOUVERNEMENT DE CHAMPAGNE ET BRIE.

PARTIE SEPTENTRIONALE.

Par *M. BONNE*, Ingénieur-Hydrographe de la Marine.

1783.

Avec Privilege du Roi.

Milles Géographiques de 60 au Degré.

Lieues Parisiennes de 28 ½ au Degré.

Lieues communes de France de 25 au Deg.

HAINAUT

C.TÉ DE NAMUR

PICARDIE

D.CHÉ DE LUXEMBOURG

LORRAINE

ISLE DE FRANCE

THIERACHE

RETHELOIS

SOISSONOIS

REMOIS

CHAMPAGNE PROPRE

PERTOIS

BRIE CH.

SOISSONS

REIMS

CHALONS

Longitude du Méridien de Paris

Hérisson del.

Perrier sculp.

André scrip.

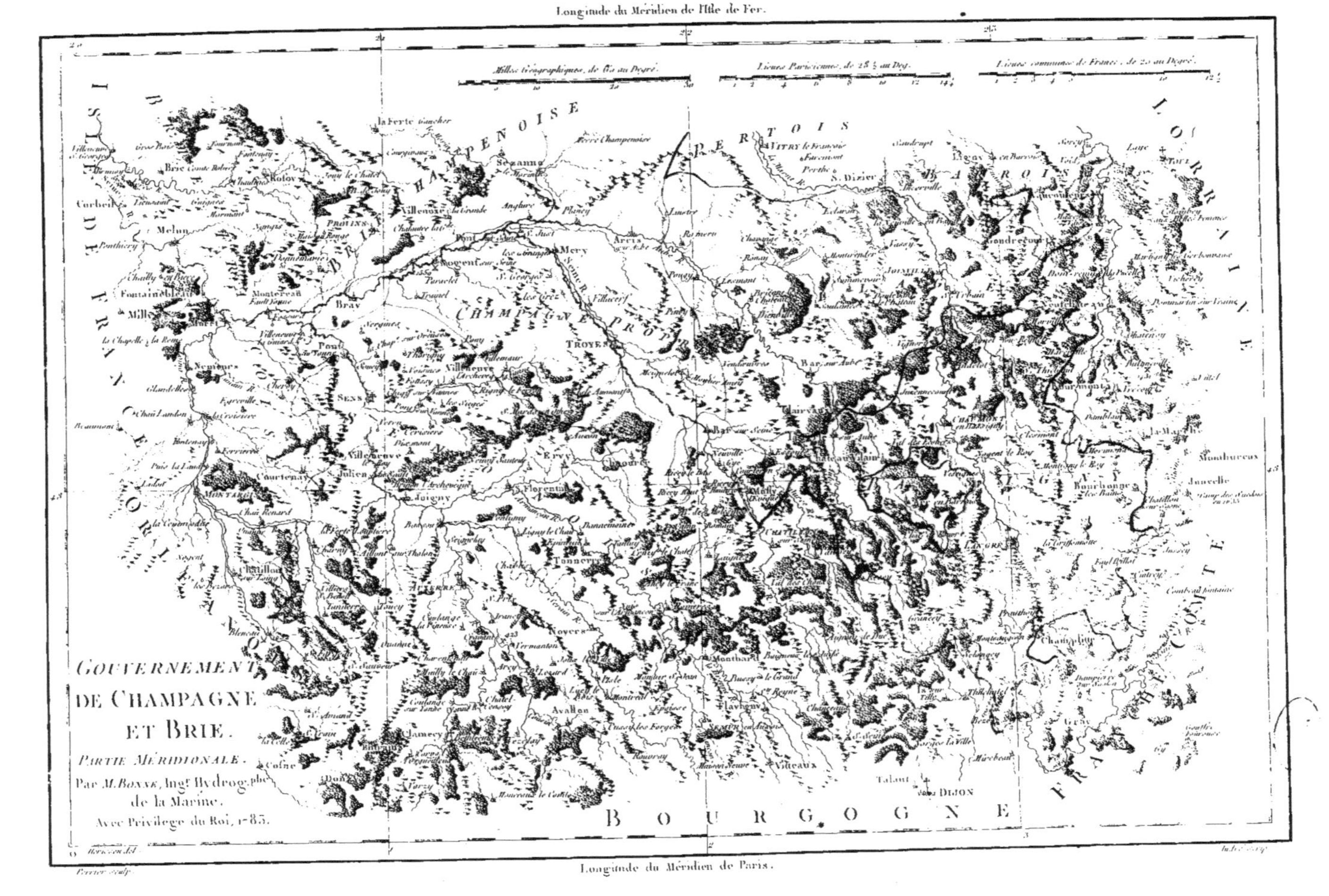
Longitude du Méridien de l'Isle de Fer.
Milles Géographiques, de 60 au Degré.
Lieues Parisiennes, de 28 ½ au Deg.
Lieues communes de France, de 25 au Degré.
GOUVERNEMENT
DE CHAMPAGNE
ET BRIE.
PARTIE MÉRIDIONALE.
Par M. BONNE, Ingr. Hydrographe de la Marine.
Avec Privilege du Roi, 1785.
Longitude du Méridien de Paris.
ISLE DE FRANCE
BRIE
CHAMPENOISE
PERTOIS
BARROIS
LORRAINE
CHAMPAGNE PROPRE
BOURGOGNE
FRANCHE COMTÉ
TROYES
SENS
Joigny
Tonnerre
Avallon
DIJON
Melun
Fontainebleau
Provins
Bray
Mery
Sezanne
S. Dizier
Chaumont
Langres
Montbard
Auxerre

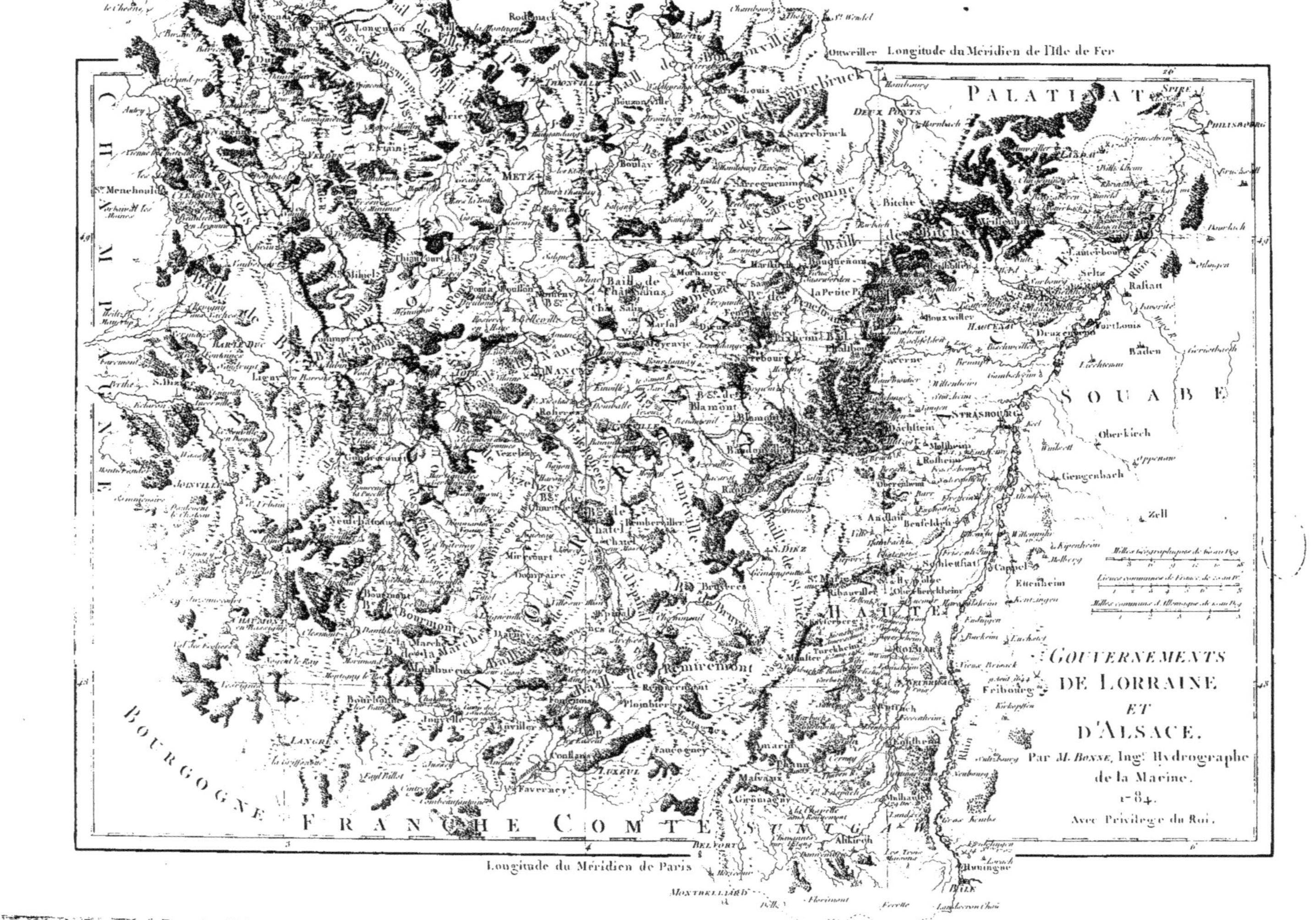
GOUVERNEMENTS
DE LORRAINE
ET
D'ALSACE.
Par M. Bonne, Ingr. Hydrographe
de la Marine.
1784.
Avec Privilege du Roi.
Longitude du Méridien de l'Isle de Fer
Longitude du Méridien de Paris
PALATINAT
SOUABE
CHAMPAGNE
BOURGOGNE
FRANCHE COMTE
METZ
NANCY
STRASBOURG
Luneville
Sarrebruck
Bitche
Colmar
Freiboug
Baden
Oberkirch
Gengenbach
Rastatt
Philisbourg
Spire
Deux Ponts
Saverne
Haguenau
Belfort
Montbeliard
Basle
Huningue
Langres
Joinville
St. Dizier
Bar le Duc
Toul
Verdun
St. Menehould
Longwy
Thionville
Sarreguemines
Remiremont
Plombières
Luxeul
Epinal
Mirecourt
Neufchateau
Bourmont
St. Diez
Blamont
Sarrebourg
Phalsbourg
Schelestatt
Zell

GOUVERNEMENT
DE BRETAGNE.
Par M. BONNE, Ingr. Hydrographe
de la Marine.
1783.
Avec Privilege du Roi.
Lieues communes de France, de 25 au Degré.
Lieues d'une heure, de 22 1/2 au Degre
Lieues Marines de 20 au Degre
Longitude du Méridien de l'Isle de Fer
Longitude du Méridien de Paris
M A N C H E
O C E A N
GOLFE DE GASCOGNE
BELLE-ISLE
I. d'Ouessant
I. de Groays
I. de Noirmoutier
Baye de S. Brieuc
Baye de Douarnenez
Baye d'Audierne
Duché de Coislin
Duché de Retz
Granville
Morlaix
Quimper
Dinan
Rennes
Nantes
Vannes
Redon
Brest

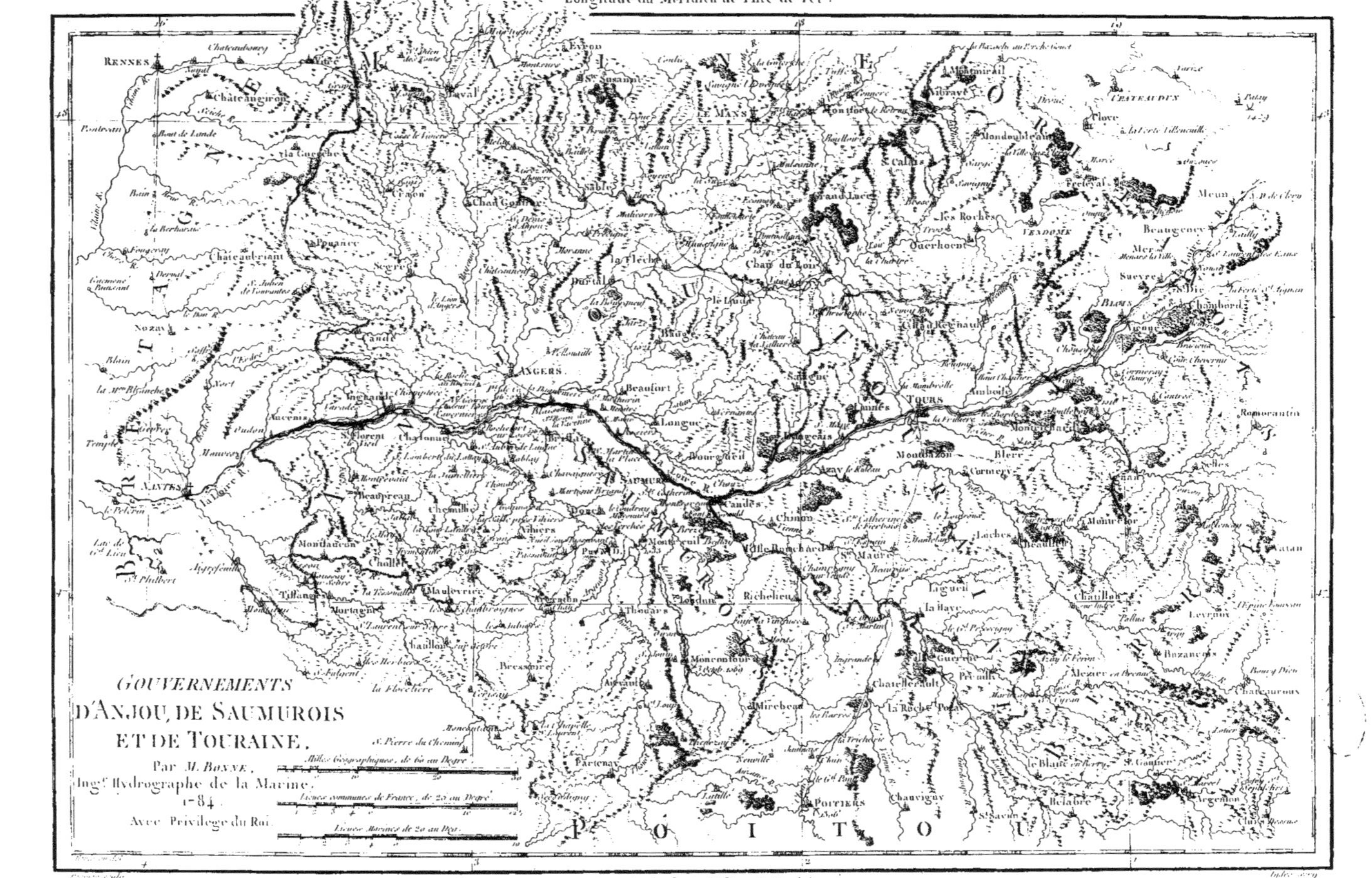

Longitude du Méridien de l'Isle de Fer.
GOUVERNEMENTS
D'ANJOU, DE SAUMUROIS
ET DE TOURAINE.
Par M. BONNE,
Ingr. Hydrographe de la Marine.
1784.
Avec Privilege du Roi.
Milles Géographiques, de 60 au Degré
Lieues communes de France, de 25 au Degré
Lieues Marines de 20 au Deg.
Longitude du Méridien de Paris
RENNES
NANTES
ANGERS
SAUMUR
TOURS
LE MANS
BLOIS
POITIERS
CHATEAUDUN
VENDOME
Laval
la Flêche
Chinon
Loches
Amboise
Richelieu
Loudun
Thouars
Bressuire
Chatellerault
Chauvigny
Cholet
Beaupreau
Montreuil Bellay
Chateaubriant
Chateaugiron
Beaugency
Chambord
Romorantin
Chateauroux
Mondoubleau
Parthenay
P O I T O U

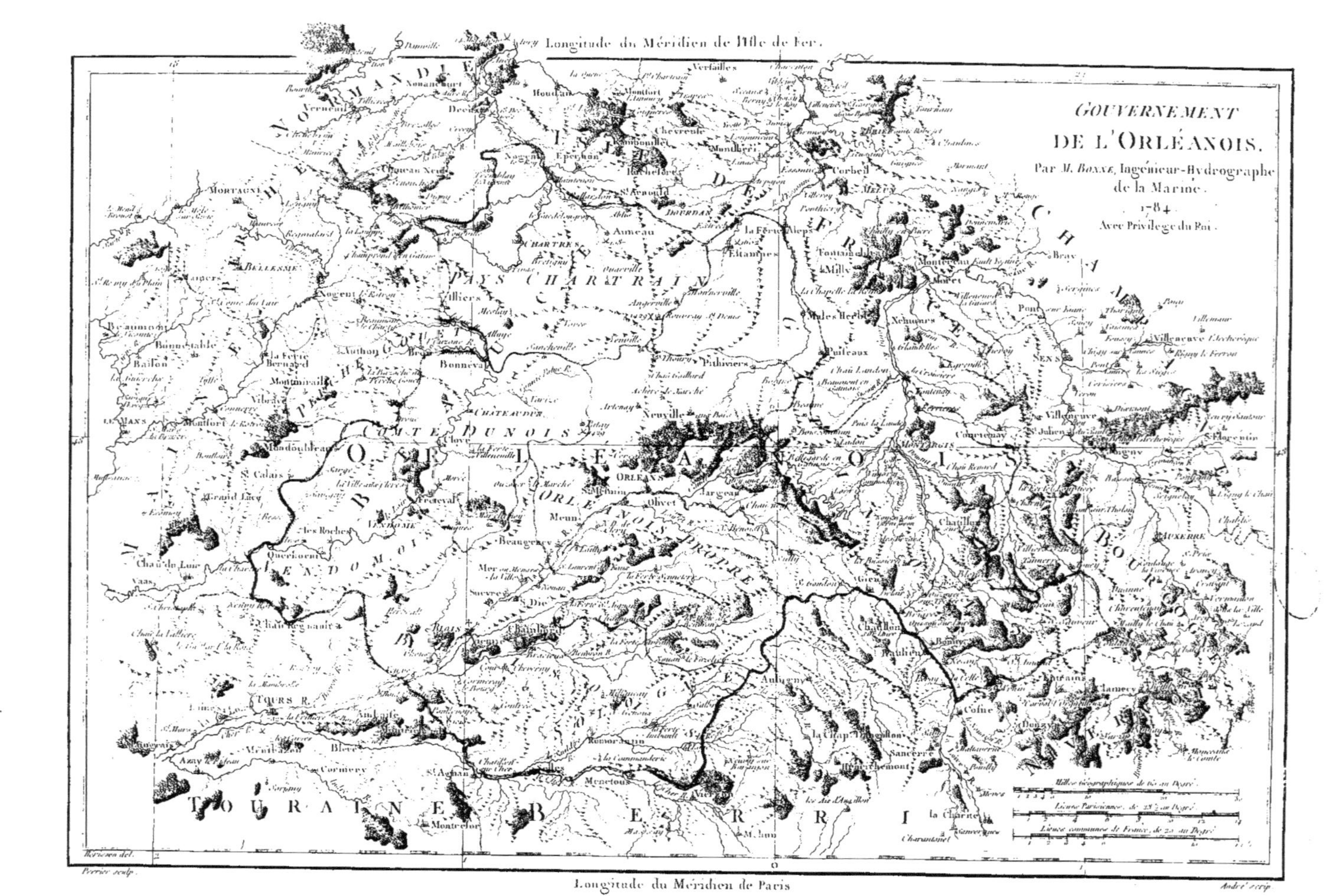

Longitude du Méridien de l'Isle de Fer.
GOUVERNEMENT
DE L'ORLÉANOIS.
Par M. BONNE, Ingénieur-Hydrographe
de la Marine.
1784.
Avec Privilege du Roi.
NORMANDIE
ISLE DE FRANCE
CHAMPAGNE
PAYS CHARTRAIN
COMTE DUNOIS
ORLÉANOIS PROPRE
VENDOMOIS
BOURGOGNE
TOURAINE
BERRI
Milles Géographiques de 60 au Degré.
Lieues communes de France, de 25 au Degré.
Longitude du Méridien de Paris

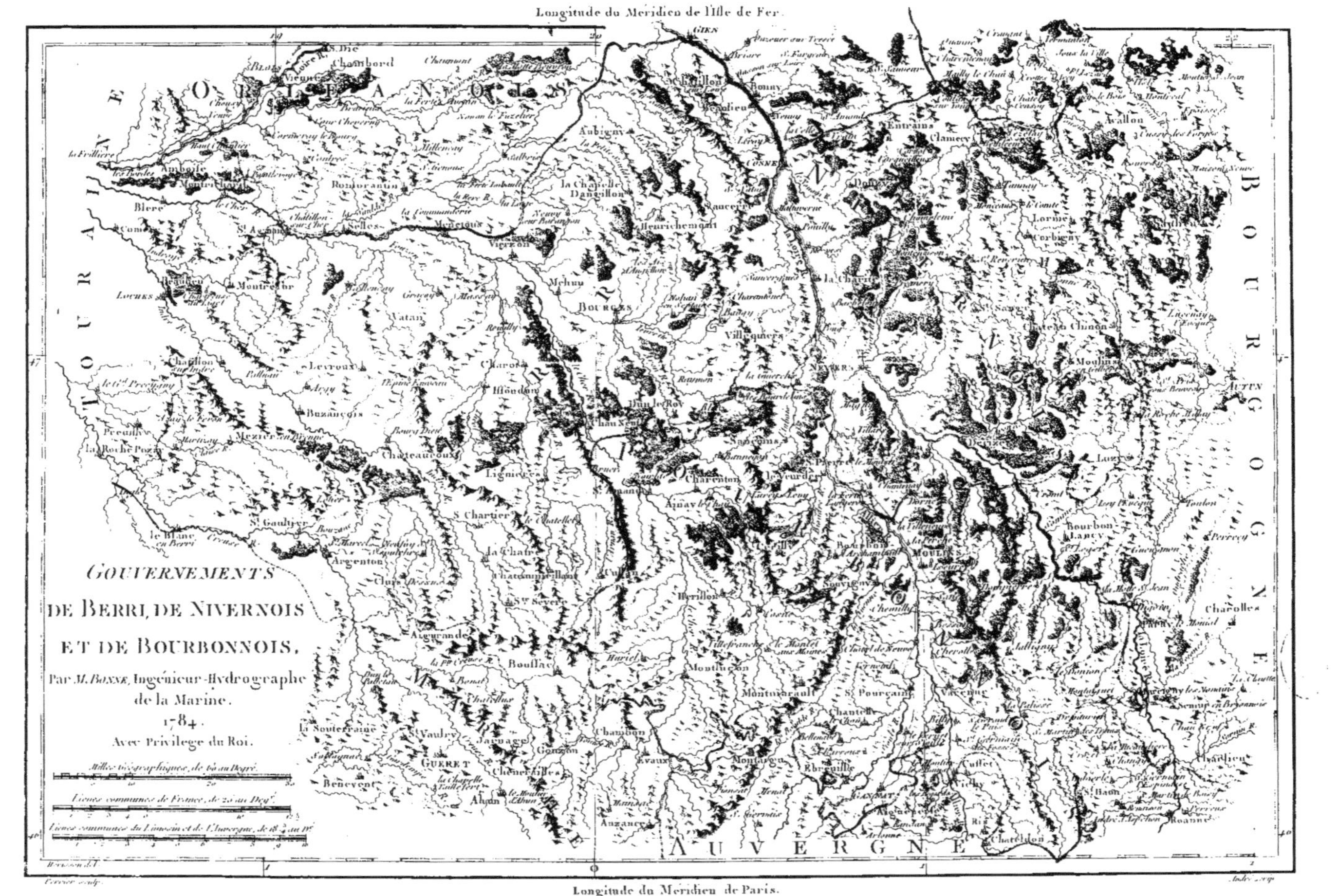
Longitude du Meridien de l'Isle de Fer.
GOUVERNEMENTS
DE BERRI, DE NIVERNOIS
ET DE BOURBONNOIS,
Par M. BONNE, Ingénieur-Hydrographe
de la Marine.
1784.
Avec Privilege du Roi.
Milles Géographiques, de 60 au Degré.
Lieues communes de France, de 25 au Degré.
Lieues communes du Limosin et de l'Auvergne, de 18 ¾ au Degré.
ORLEANOIS
TOURAINE
BOURGOGNE
AUVERGNE
Longitude du Meridien de Paris.
Blois
Chambord
Amboise
Romorantin
Aubigny
la Chapelle Dangillon
Vierzon
Bourges
Sancerre
Henrichemont
la Charité
Nevers
Clamecy
Entrains
Avallon
Lormes
Corbigny
Chateau Chinon
Moulins Engilbert
Autun
Decize
Moulins
Bourbon Lancy
Charolles
Roanne
Vichy
Gannat
Montluçon
Montmarault
Guéret
Bénévent
Aubusson
Chambon
Evaux
Auzances
la Souterraine
le Blanc en Berri
S. Gaultier
Argenton
Chateauroux
Issoudun
Vatan
Levroux
Buzançois
Chatillon sur Indre
Loches
Beaulieu
Montrésor
Blere
Selles
Mehun
Dun le Roy
S. Amand
Charenton
la Chatre
S. Chartier
Chateaumeillant
Boussac
Aigurande
Ainay le Chateau
Cérilly
Bourbon l'Archambault
Souvigny
Cusset
Chateldon
S. Pourçain
Chantelle
Varennes
la Palisse
Gien
Briare
Cosne
Donzy
Luzy
Toulon
Perrecy
Chatellerault

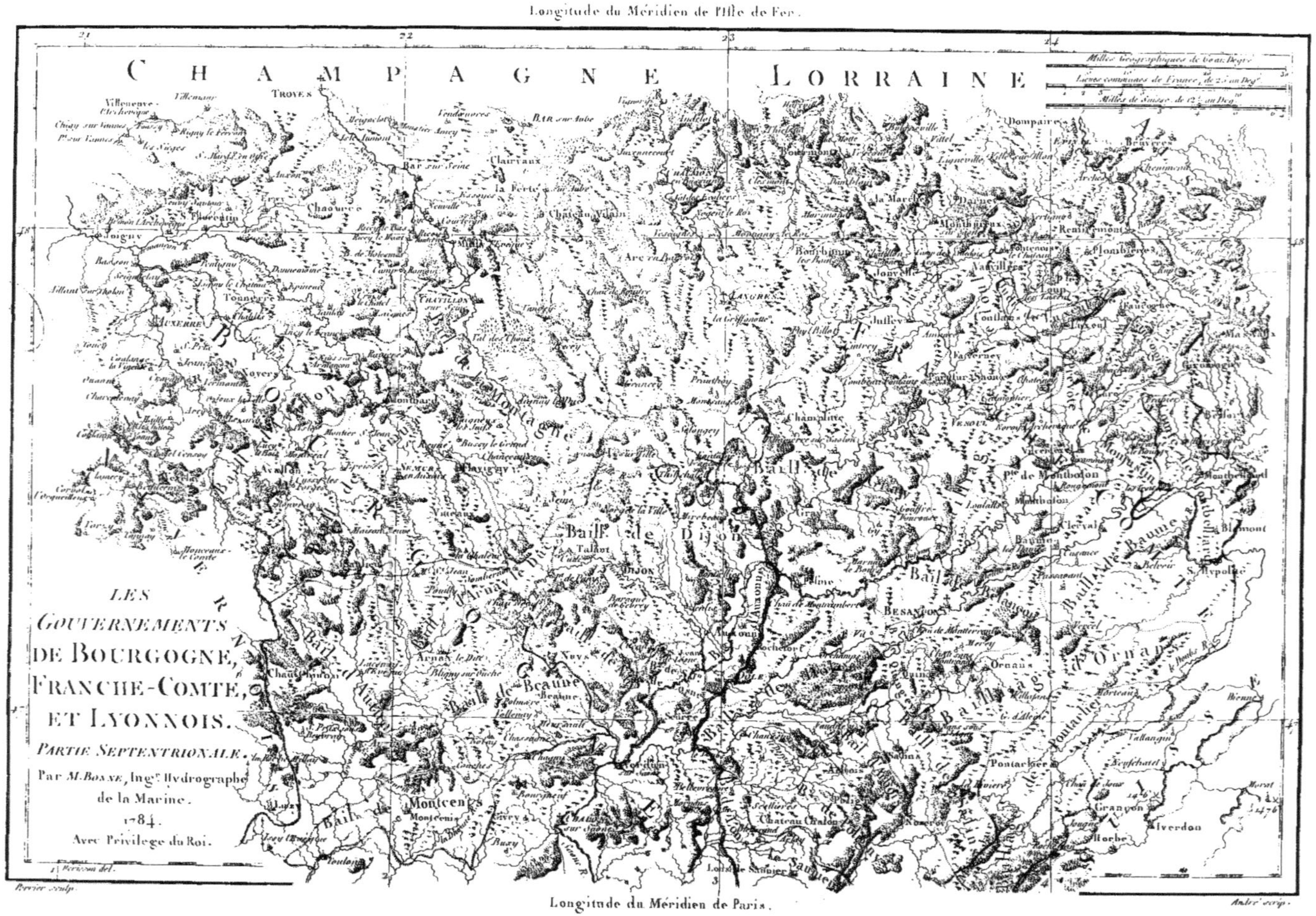

Longitude du Méridien de l'Isle de Fer.

CHAMPAGNE LORRAINE

Milles Géographiques de 60 au Degré

Lieues communes de France, de 25 au Degré

Milles de Suisse, de 12½ au Degré

LES

GOUVERNEMENTS

DE BOURGOGNE,

FRANCHE-COMTÉ,

ET LYONNOIS.

PARTIE SEPTENTRIONALE.

Par M. BONNE, Ingr. Hydrographe de la Marine.

1784.

Avec Privilege du Roi.

Perrier del. — Perrier sculp. — André scrip.

Longitude du Méridien de Paris.

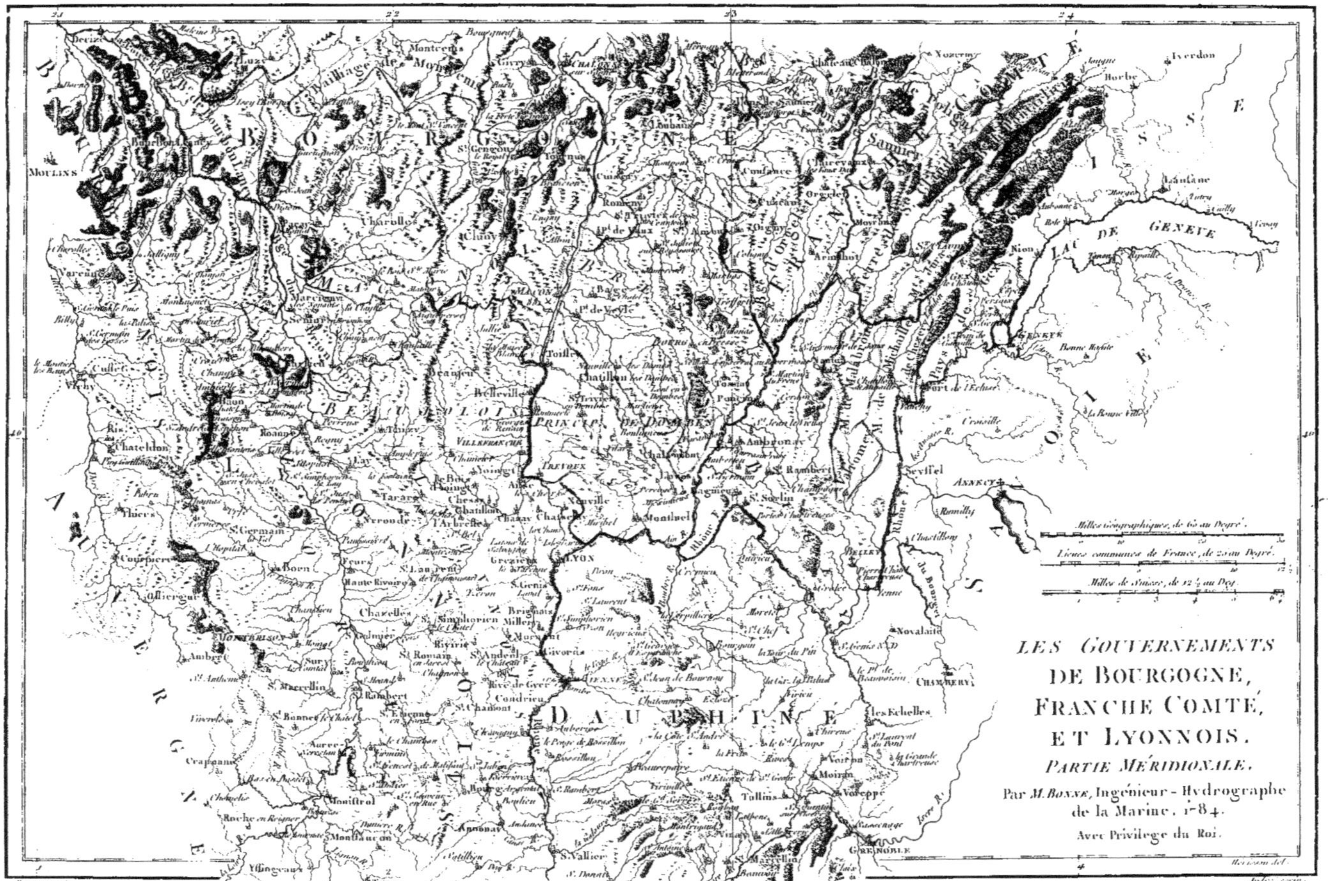

Longitude du Méridien de l'Isle de Fer.

LES GOUVERNEMENTS DE BOURGOGNE, FRANCHE COMTÉ, ET LYONNOIS.

PARTIE MÉRIDIONALE.

Par M. Bonne, Ingénieur-Hydrographe de la Marine, 1784.

Avec Privilege du Roi.

Milles Géographiques, de 60 au Degré.

Lieues communes de France, de 25 au Degré.

Milles de Suisse, de 12 ½ au Deg.

Perrier sculp.

Hérisson del.

André scrip.

Longitude du Méridien de Paris.

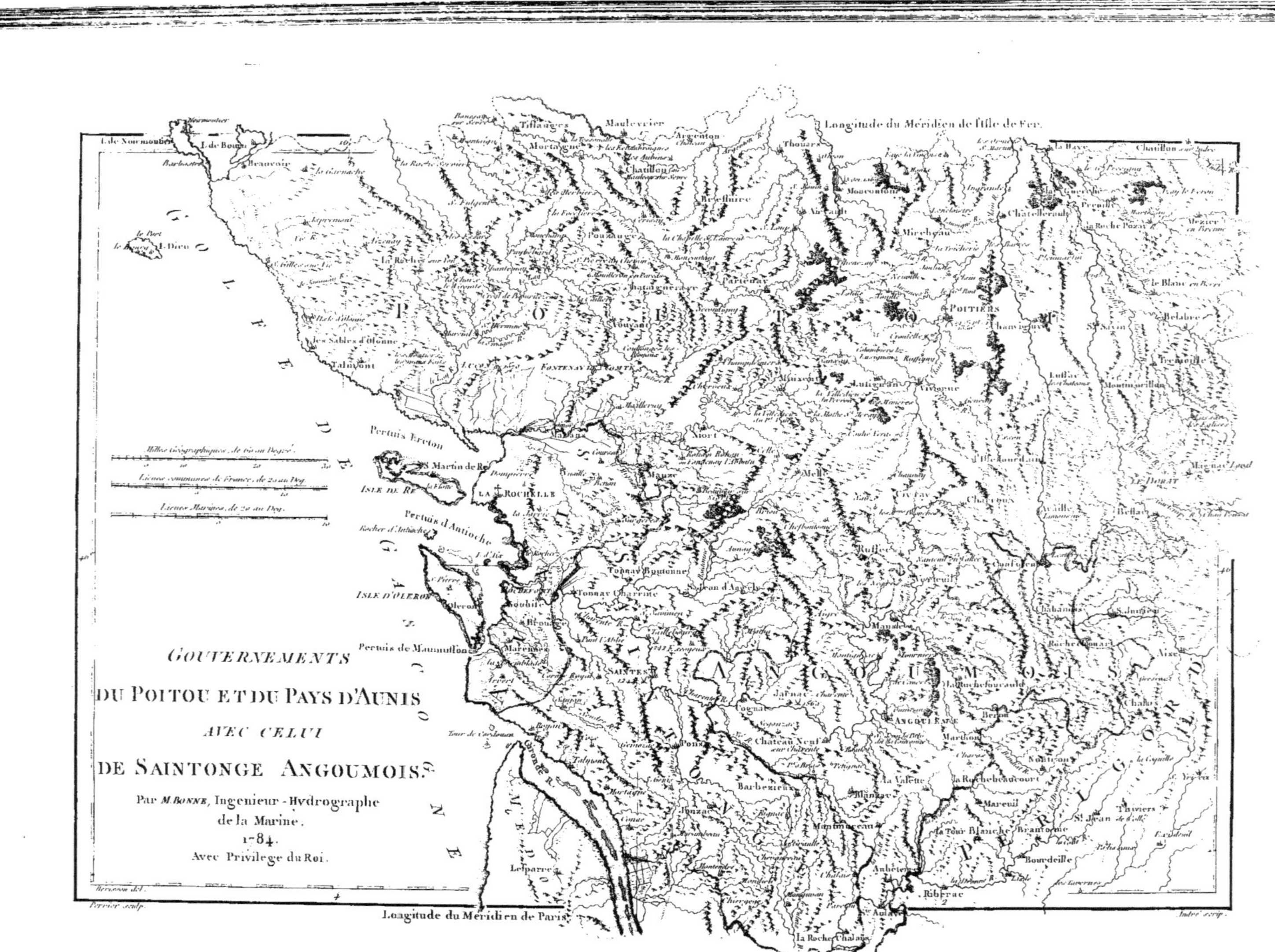
GOUVERNEMENTS
DU POITOU ET DU PAYS D'AUNIS
AVEC CELUI
DE SAINTONGE ANGOUMOIS.
Par M. BONNE, Ingenieur-Hydrographe
de la Marine.
1784.
Avec Privilege du Roi.
Longitude du Méridien de l'Isle de Fer.
Longitude du Méridien de Paris.
Milles Géographiques, de 60 au Degré.
Lieues communes de France, de 25 au Deg.
Lieues Marines, de 20 au Deg.
GOLFE DE GASCOGNE
POITOU
AUNIS
SAINTONGE
ANGOUMOIS
PERIGORD
POITIERS
LA ROCHELLE
SAINTES
ANGOULEME
ISLE DE RE
ISLE D'OLERON
Pertuis Breton
Pertuis d'Antioche
Pertuis de Maumusson
Gironde R.
MEDOC

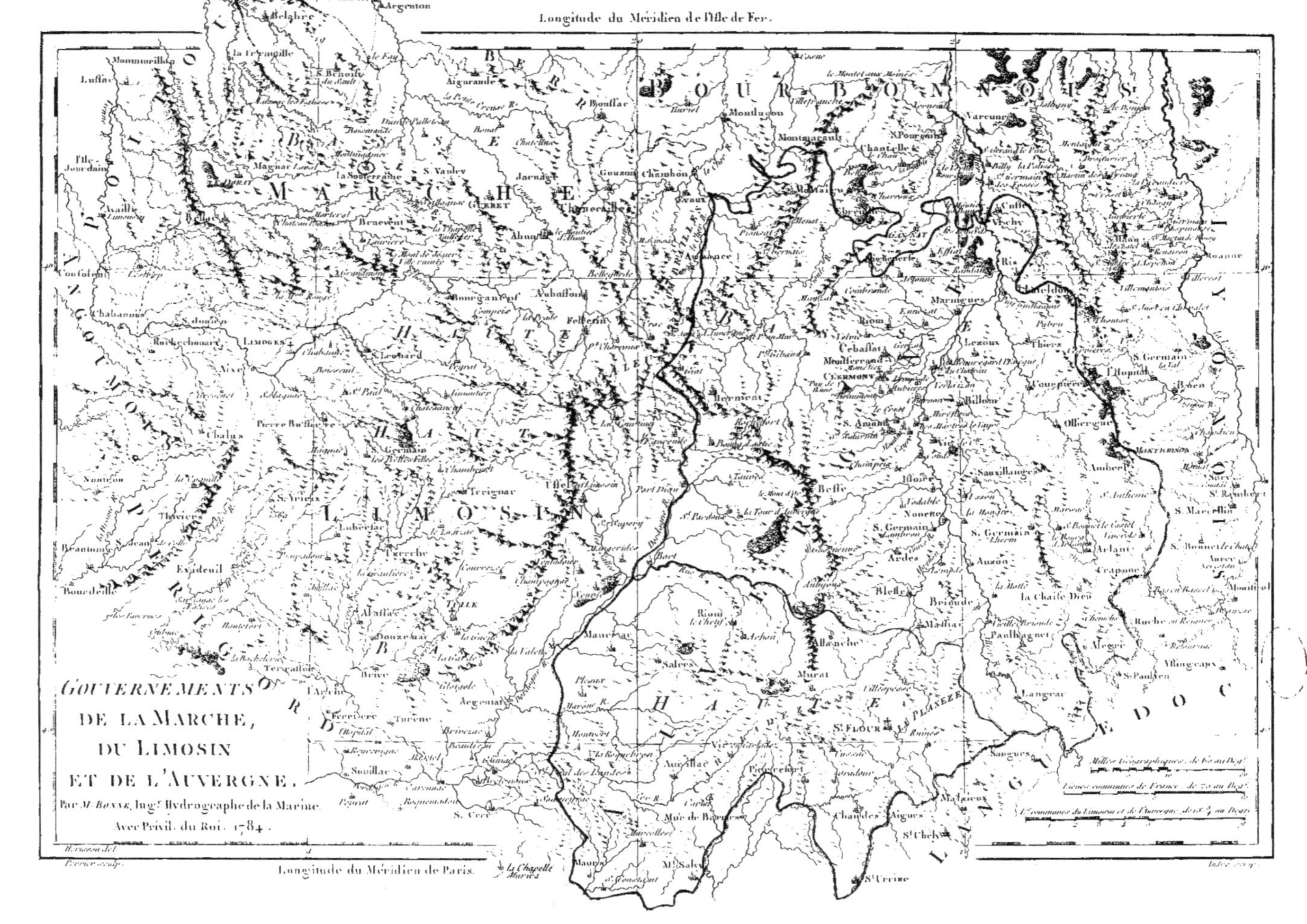
Longitude du Méridien de l'Isle de Fer.
GOUVERNEMENTS
DE LA MARCHE,
DU LIMOSIN
ET DE L'AUVERGNE.
Par M. BONNE, Ingr. Hydrographe de la Marine.
Avec Privil. du Roi. 1784.
Longitude du Méridien de Paris.
BOURBONNOIS
MARCHE
LIMOSIN
HAUTE
LIMOGES
CLERMONT
S. FLOUR
GUERET
TULLE

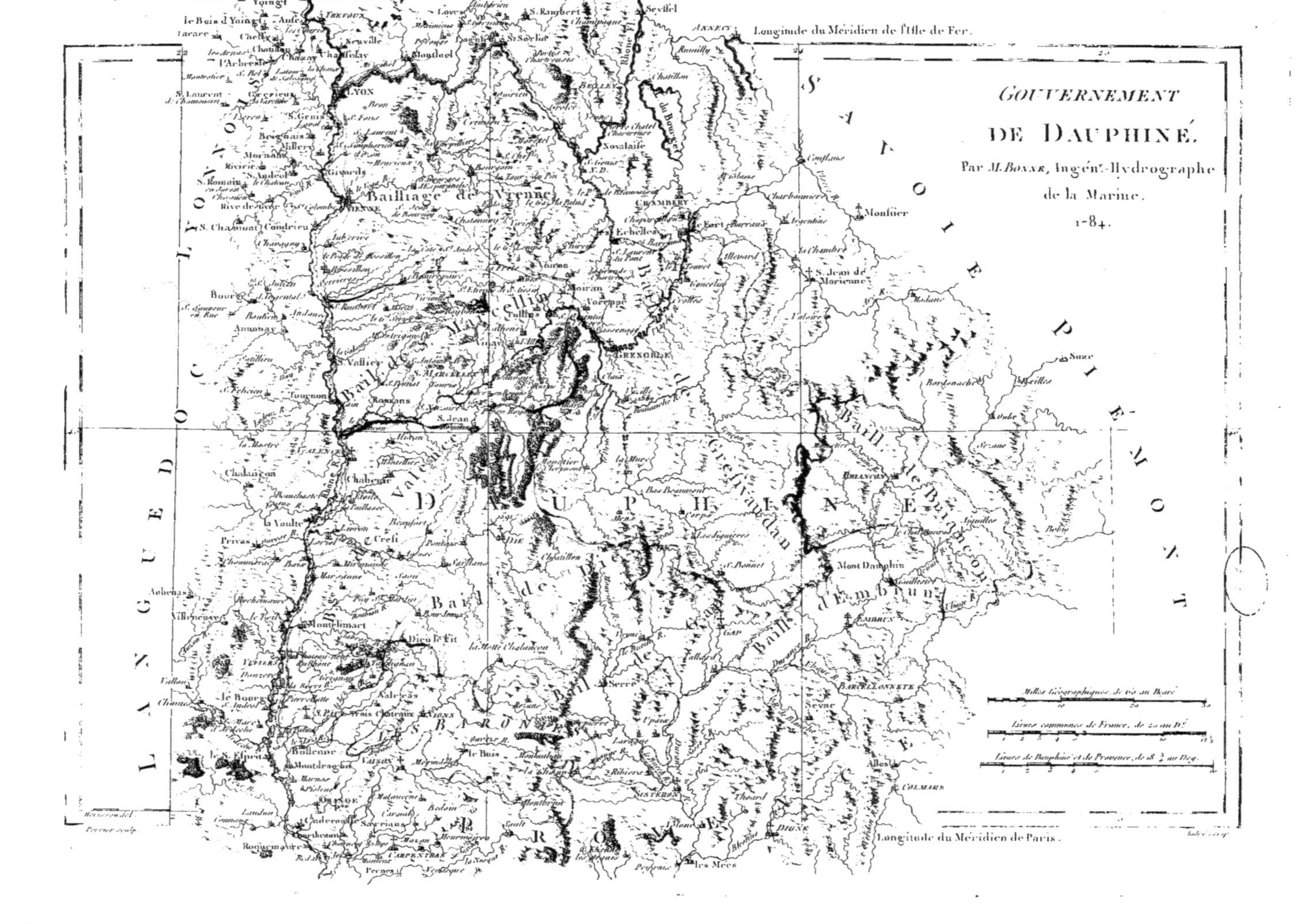
GOUVERNEMENT
DE DAUPHINÉ.
Par M. BONNE, Ingénᵗ. Hydrographe
de la Marine.
1784.
SAVOIE
PIÉMONT
LYONNOIS
LANGUEDOC
PROVENCE
DAUPHINÉ
Bailliage de Vienne
Baill. de S. Marcellin
Baill. de Graisivaudan
Baill. de Briançon
Baill. d'Embrun
Baill. de Gap
Baill. de Die
Baill. de Valence
Baill. de Buis
LES BARONIES
LYON
VIENNE
GRENOBLE
CHAMBERY
Montelimart
Mont Dauphin
Longitude du Méridien de l'Isle de Fer.
Longitude du Méridien de Paris.

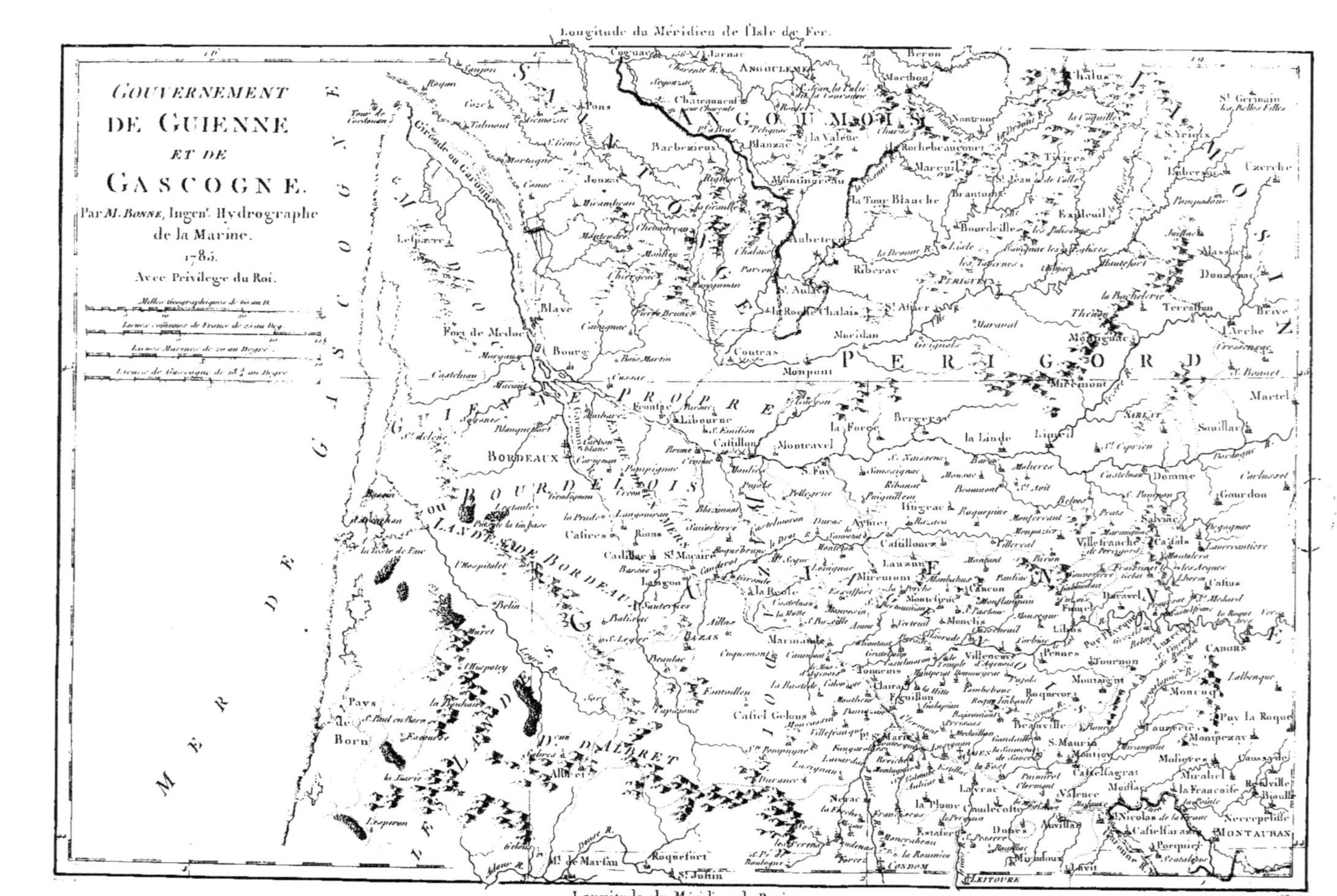
GOUVERNEMENT
DE GUIENNE
ET DE
GASCOGNE.
Par M. BONNE, Ingenr. Hydrographe
de la Marine.
1785.
Avec Privilege du Roi.
Longitude du Méridien de l'Isle de Fer.
Longitude du Méridien de Paris.
GOLFE DE GASCOGNE
MER DE
SAINTONGE
ANGOUMOIS
PERIGORD
LIMOSIN
GUIENNE PROPRE
BOURDELOIS
AGENOIS
LANDES DE BORDEAUX
PAYS D'ALBRET
LANDES
BORDEAUX
ANGOULEME
CAHORS
MONTAUBAN
CONDOM
LEITOURE

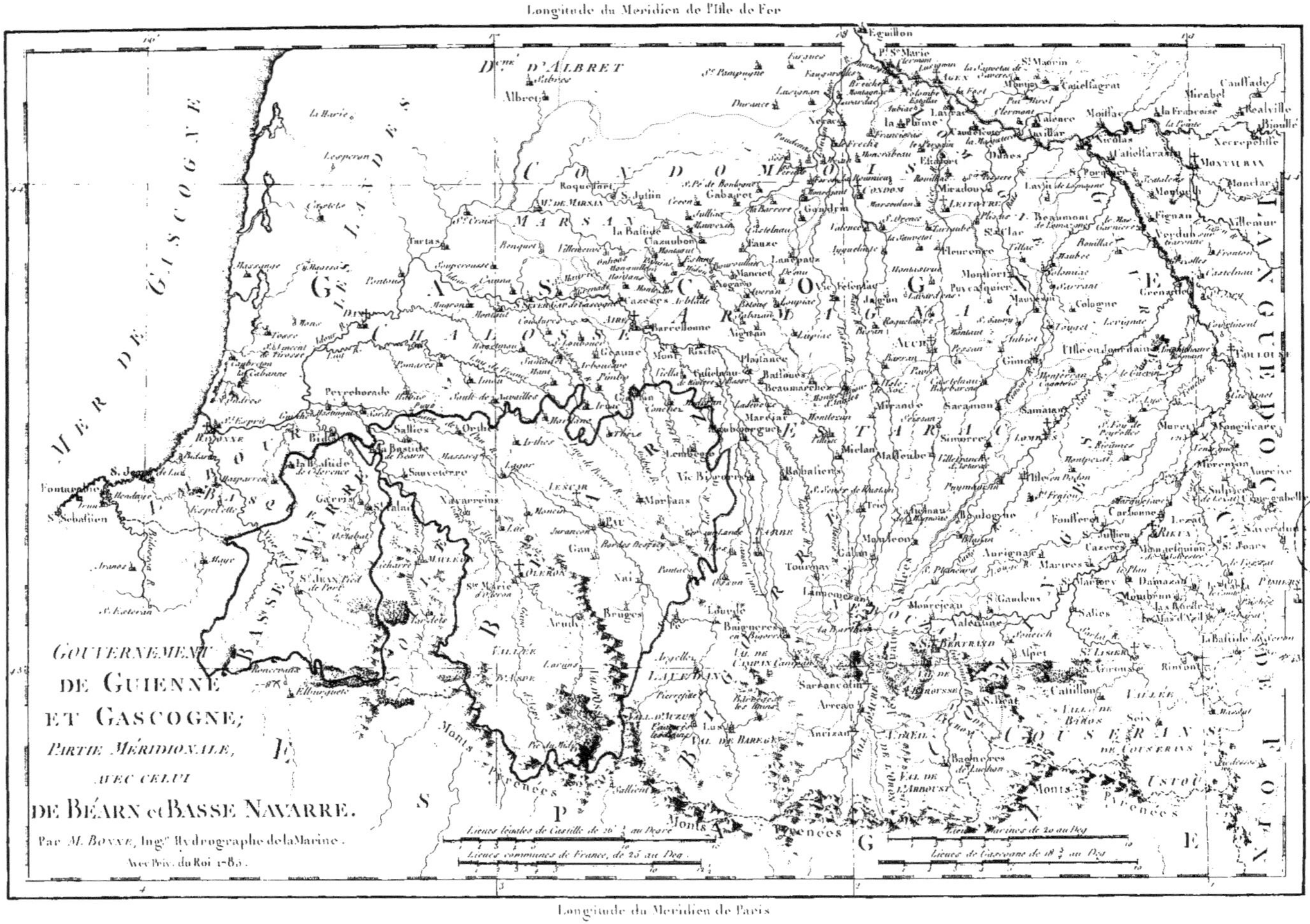

Longitude du Meridien de l'Isle de Fer

GOUVERNEMENT DE GUIENNE ET GASCOGNE;

PARTIE MÉRIDIONALE,

AVEC CELUI

DE BÉARN et BASSE NAVARRE.

Par *M. Bonne*, Ingr. Hydrographe de la Marine.

Avec Priv. du Roi 1785.

Lieues légales de Castille de 26 ⅔ au Degré

Lieues communes de France, de 25 au Deg.

Lieues Marines de 20 au Deg.

Lieues de Gascogne de 18 ⅔ au Deg.

Longitude du Meridien de Paris

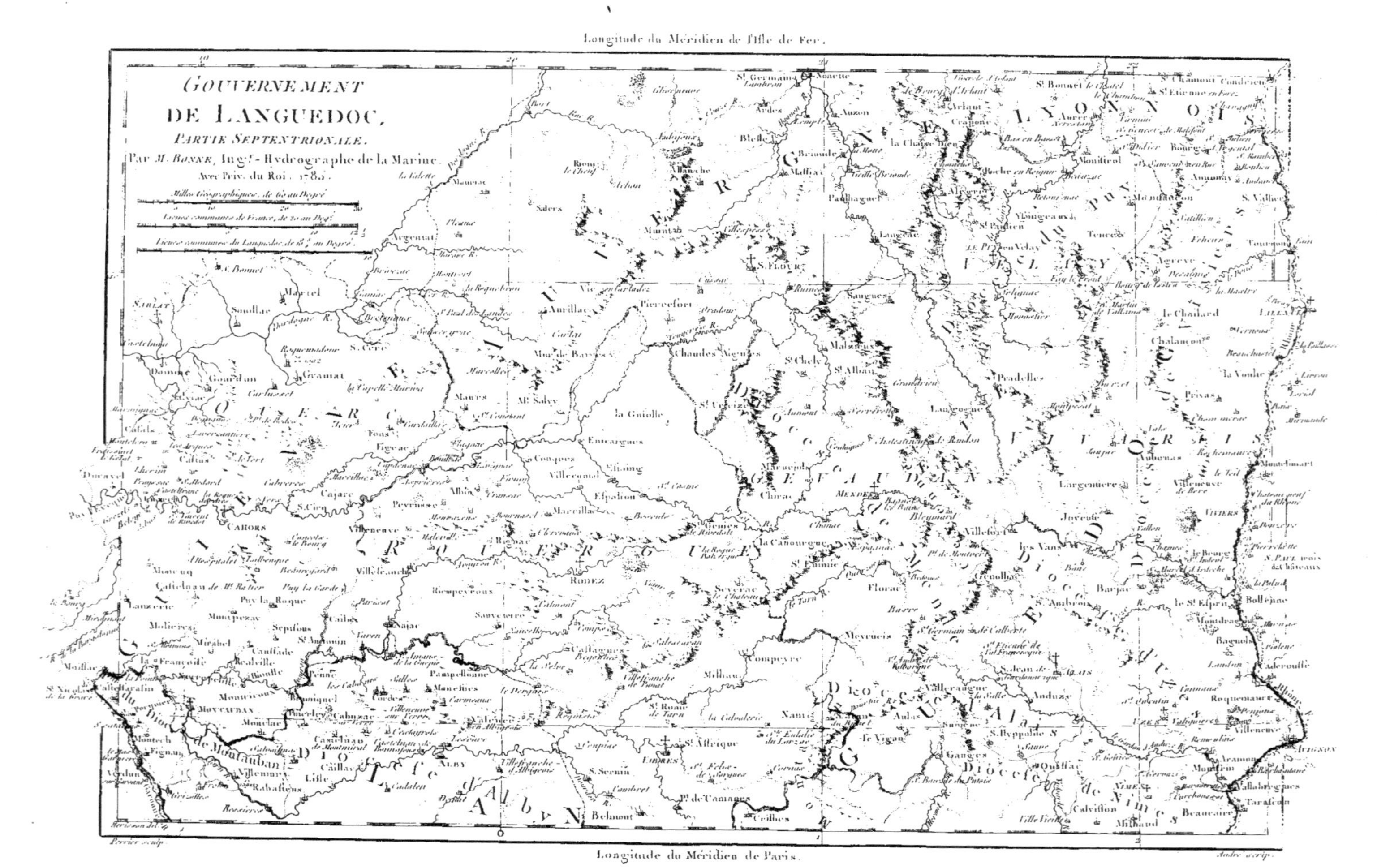
Longitude du Méridien de l'Isle de Fer.
GOUVERNEMENT
DE LANGUEDOC,
PARTIE SEPTENTRIONALE.
Par M. Bonne, Ingr.- Hydrographe de la Marine.
Avec Priv. du Roi. 1785.
Milles Géographiques, de 60 au Degré
Lieues communes de France, de 20 au Degré
Lieues communes du Languedoc de 15 au Degré
LYONNOIS
CAHORS
RODEZ
MENDE
ALBY
MONTAUBAN
NISMES
AVIGNON
Longitude du Méridien de Paris.
Perrier sculp.
André scrip.

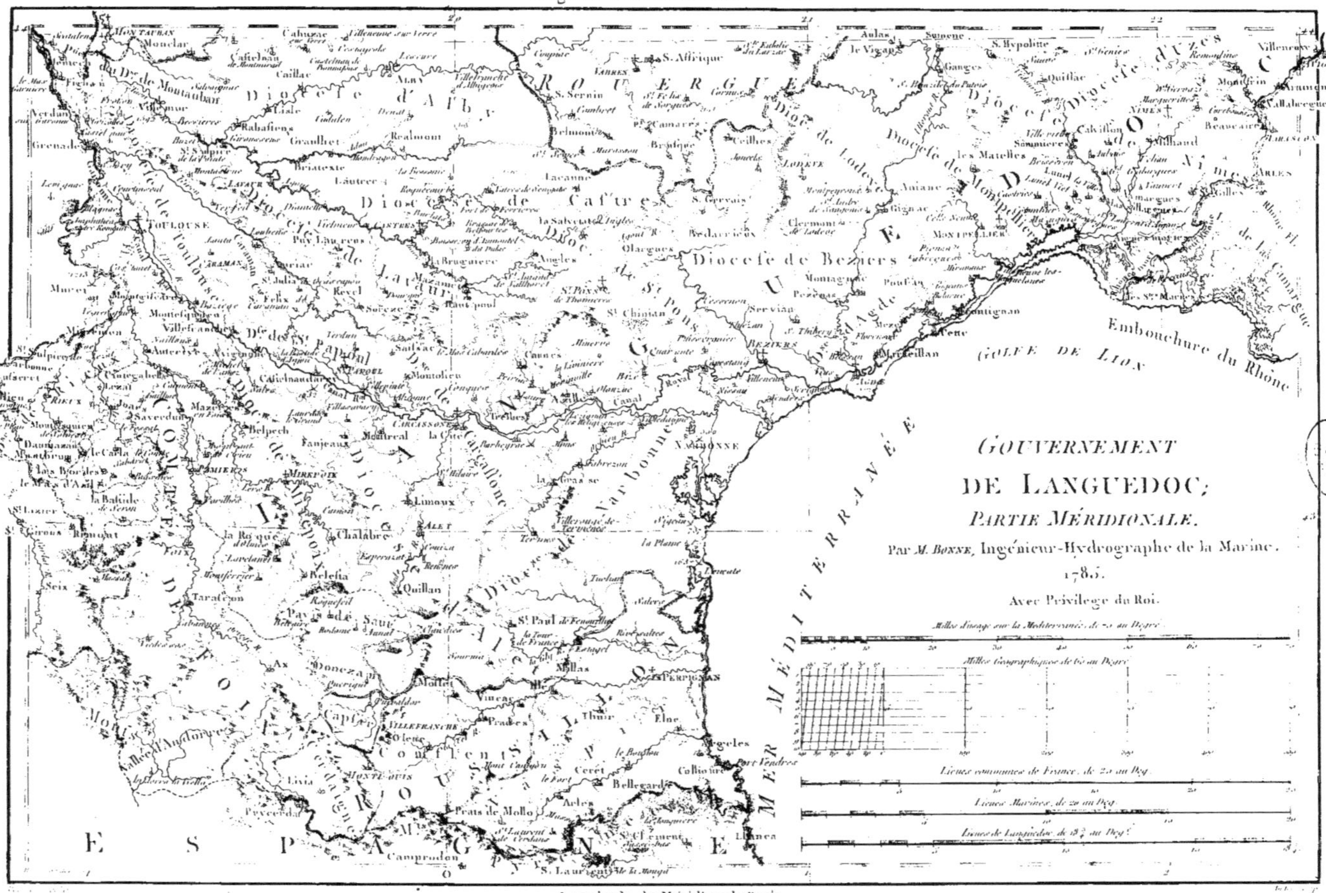

Longitude du Méridien de l'Isle de Fer.

GOUVERNEMENT

DE LANGUEDOC;

PARTIE MÉRIDIONALE.

Par *M. Bonne*, Ingénieur-Hydrographe de la Marine.

1785.

Avec Privilege du Roi.

Milles d'usage sur la Mediterranée, de 75 au Degré

Milles Géographiques de 60 au Degré

Lieues communes de France, de 25 au Deg.

Lieues Marines, de 20 au Deg.

Lieues de Languedoc, de 18¾ au Deg.

MER MÉDITERRANÉE

GOLFE DE LION

Embouchure du Rhône

ESPAGNE

Longitude du Méridien de Paris.

Longitude du Méridien de l'Isle de Fer.

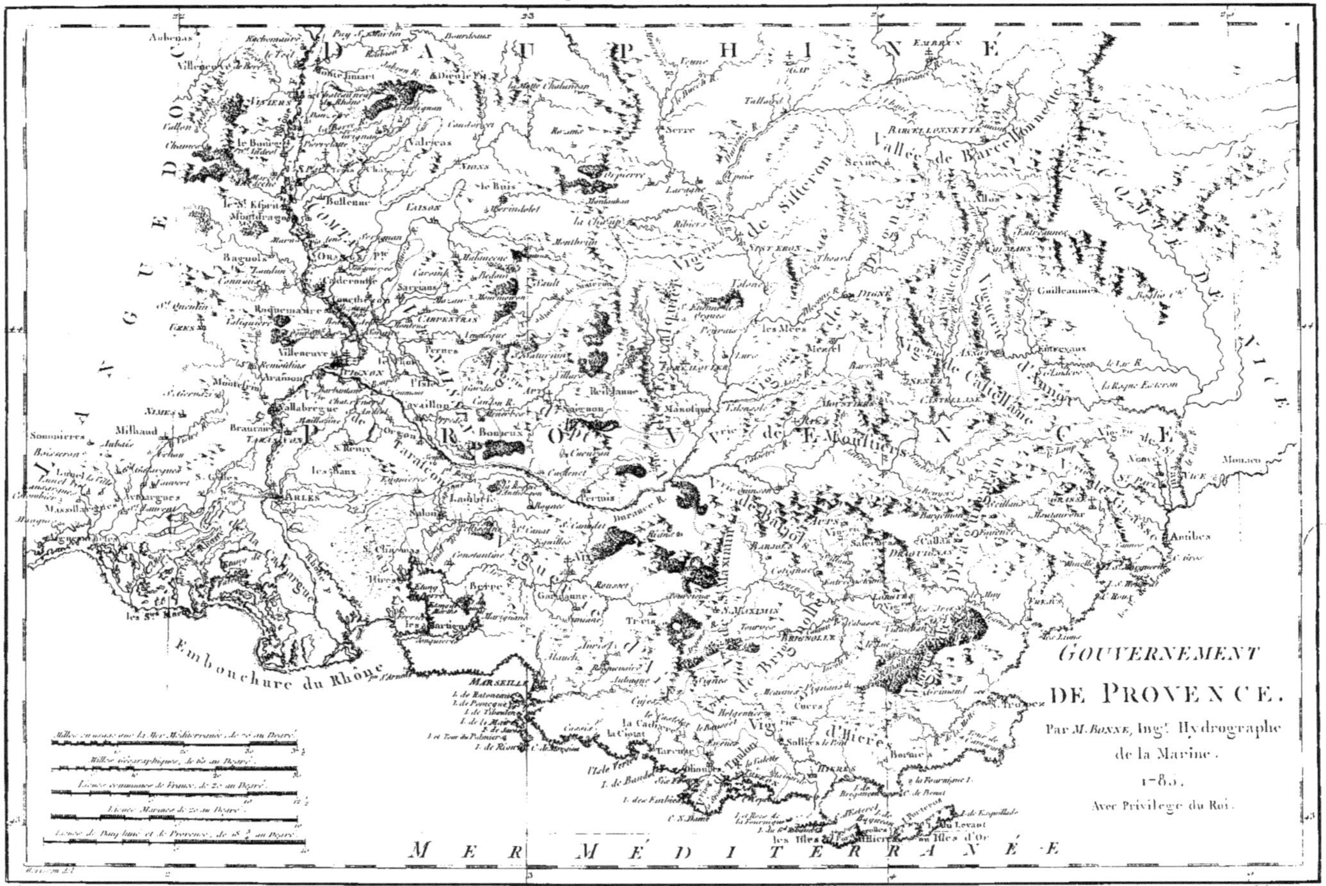
GOUVERNEMENT
DE PROVENCE.
Par M. Bonne, Ingr. Hydrographe
de la Marine.
1783.
Avec Privilege du Roi.
D A U P H I N É
COMTÉ DE NICE
L A N G U E D O C
MER MÉDITERRANÉE
Embouchure du Rhône
Vallée de Barcellonnette
Viguerie de Sisteron
Viguerie de Castellane
Viguerie d'Hieres
Viguerie de Brignolle
Vie de Moustiers
MARSEILLE
ARLES
AIX
NIMES
DIGNE
GAP
SISTERON
BARCELLONNETTE
TOULON
Antibes
Monaco
Aubenas
Tallard
Serre
Manosque
Forcalquier
Pertuis
Cavaillon
Tarascon
Beaucaire
Villeneuve
Orange
Carpentras
Bolene
Mondragon
Valreas
Nions
Apt
Riez
Barjemont
Draguignan
Frejus
Grasse
Vence
S. Paul
Colmars
Guillaumes
Entrevaux
Castellane
Senez
Mezel
les Mées
Lure
Reillanne
Tourves
Trets
S. Maximin
Cuers
Solliès le Pont
la Ciotat
Cassis
Aubagne
Salon
les Baux
S. Remy
Martigues
Berre
Hieres
Bormes
Milhaud
Sommieres
Massillargues
Aigues-mortes
les Isles d'Or
Isle du Levant
Longitude du Méridien de Paris.

Longitude du Méridien de l'Isle de Fer.

Longitude du Méridien de Paris.

André sculp.

Longitude du Méridien de l'Isle de Fer.

LA SUISSE

DIVISÉE EN TREIZE CANTONS

LEURS ALLIÉS AVEC LEURS SUJETS ET CEUX DE LEURS ALLIÉS.

Par M. Bonne, Ingr. Hydrographe de la Marine.

Avec Priv. du Roi. 1786.

Anciens Milles Romains de 75 au Deg.

Milles communs d'Italie de 60 au Deg.

Lieues communes de France de 25 au Deg.

Milles communs d'Allemagne de 15 au D.

Milles de Suisse de 12 au Deg.

Autres Milles de Suisse de 8 au Degré.

Longitude du Méridien de Paris.

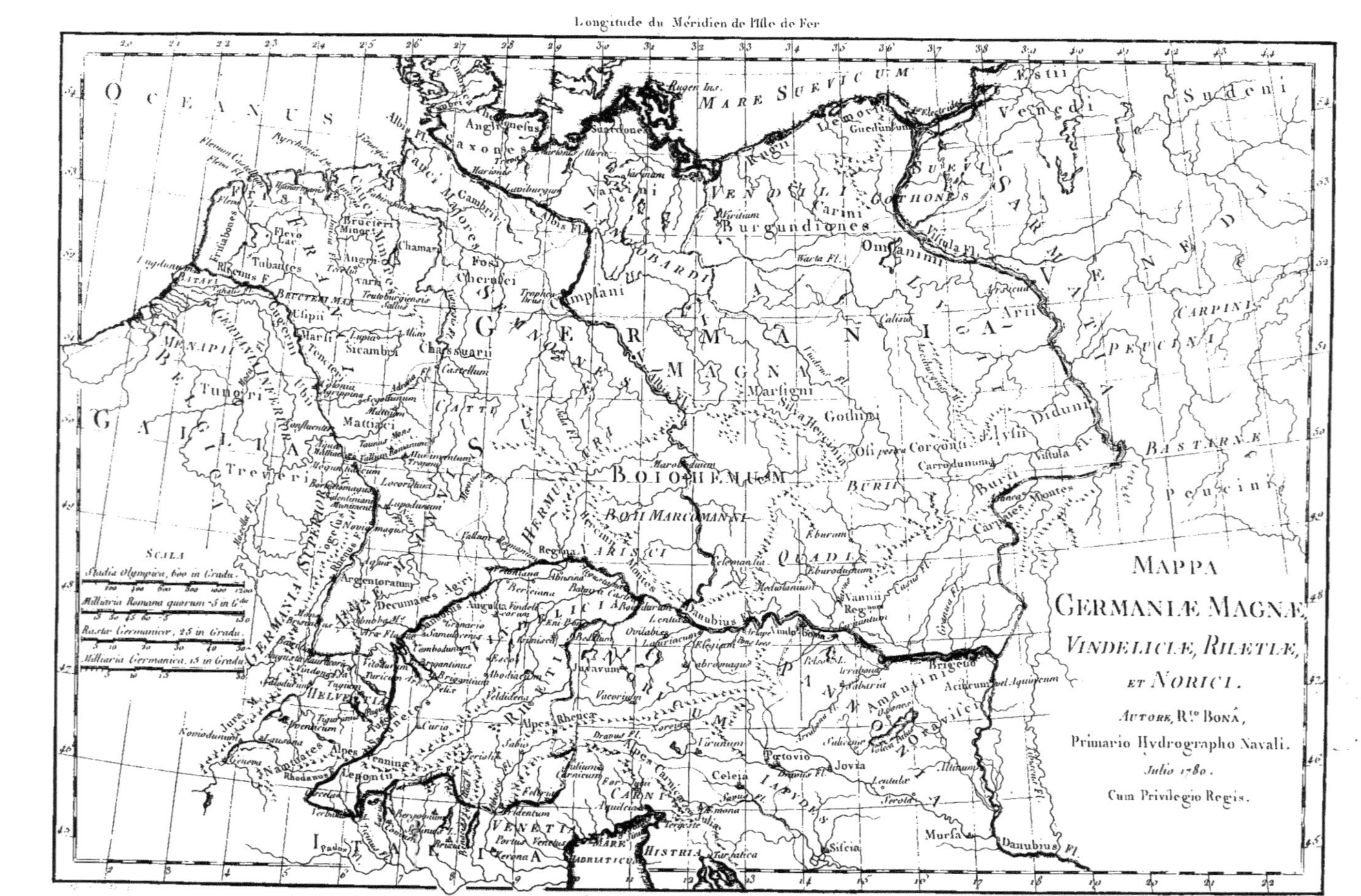
Longitude du Méridien de l'Isle de Fer
MAPPA
GERMANIÆ MAGNÆ,
VINDELICIÆ, RHÆTIÆ,
ET NORICI.
AUTORE, R.to BONÂ,
Primario Hydrographo Navali.
Julio 1780.
Cum Privilegio Regis.
SCALA
Stadia Olympica, 600 in Gradu.
Milliaria Romana quorum 75 in G.du
Rastæ Germanicæ, 25 in Gradu.
Milliaria Germanica, 15 in Gradu.
OCEANUS
MARE SUEVICUM
GERMANIA MAGNA
BOIOHEMUM
GALLIA
BELGICA
GERMANIA INFERIOR
GERMANIA SUPERIOR
HELVETIA
RHÆTIA
VINDELICIA
NORICUM
PANNONIA
ITALIA
VENETIA
CARNI
HISTRIA
MARE ADRIATICUM
SARMATIA
VENEDI
BASTARNÆ
PEUCINI
Danubius Fl.
Longitude du Méridien de Paris

Longitude du Méridien de l'Isle de Fer.

ECHELLE

Milles communs d'Allemagne, de 15 au D.

M. de Hongrie, de Boheme et de Suisse, de 12 ½ au D.

Lieues communes de Pologne, de 20 au Degré

Milles de Hollande et de Prusse, de 18 ¾ au D.

Lieues communes de France, de 25 au Degré

MER BALTIQUE

MER D'ALLEMAGNE

L'EMPIRE

D'ALLEMAGNE,

divisé en ses Cercles;

AVEC

LE ROYAUME DE BOHÈME,

LA SILESIE, &c.

Par M. BONNE, Ingr. Hydrographe de la Marine.

Aout 178[illegible].

Avec Privilege du Roi.

Longitude du Méridien de Paris.

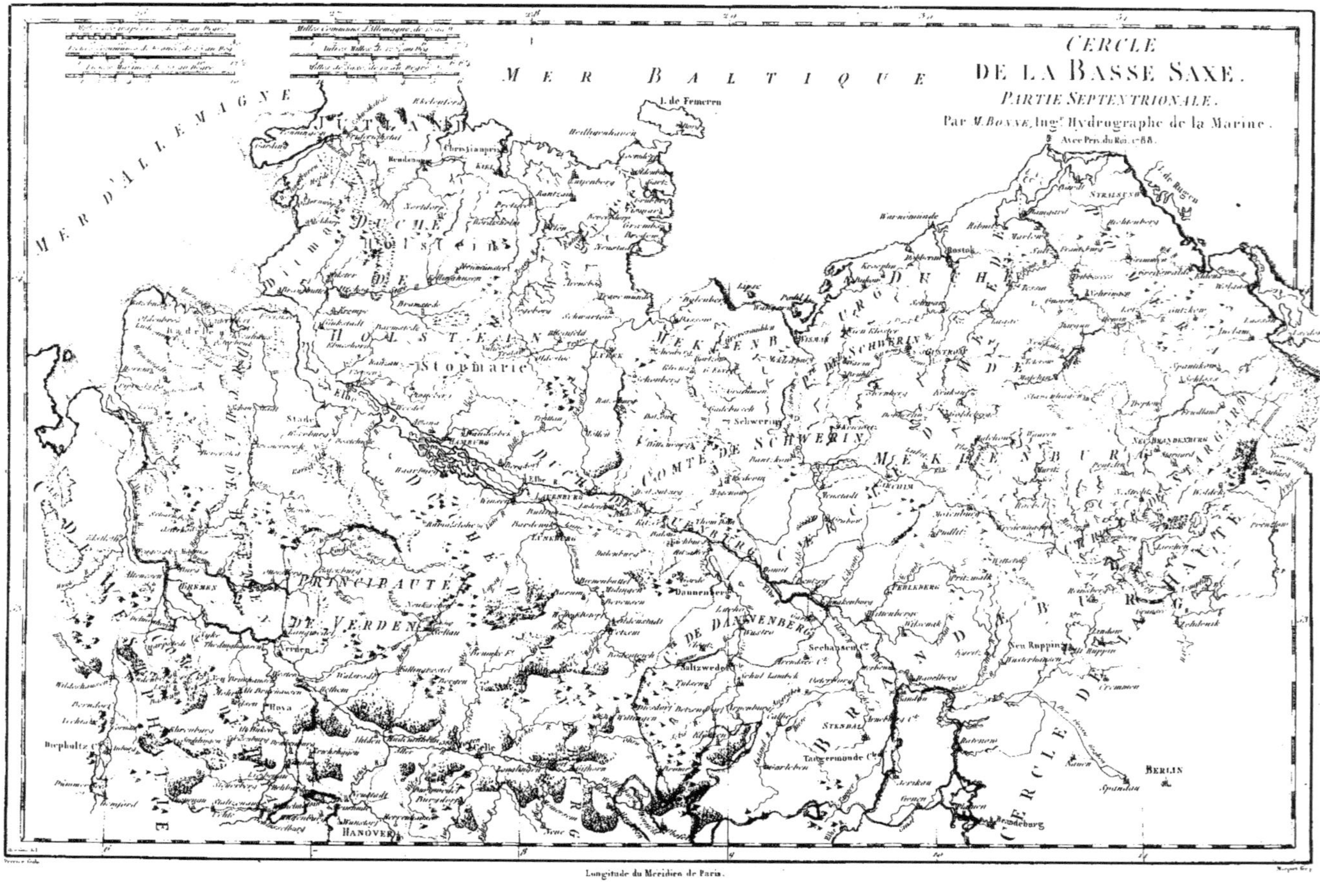
Longitude du Méridien de l'Isle de Fer.
CERCLE
DE LA BASSE SAXE.
PARTIE SEPTENTRIONALE.
Par M. BONNE, Ingr. Hydrographe de la Marine.
Avec Priv. du Roi. 1788.
MER BALTIQUE
MER D'ALLEMAGNE
I. de Femeren
I. de Rugen
JUTLAND
DUCHÉ DE HOLSTEIN
HOLSTEIN
Stormarie
DUCHÉ DE MEKLENBOURG
COMTÉ DE SCHWERIN
DUCHÉ DE BRÊME
PRINCIPAUTÉ DE VERDEN
DUCHÉ DE LUNEBOURG
CERCLE DE LA HAUTE SAXE
CERCLE DE WESTPHALIE
HAMBURG
LUBECK
Schwerin
Rostock
STRALSUND
BREMEN
HANOVER
BERLIN
Brandeburg
Spandau
Stade
Dannenberg
Saltzwedel
Stendal
Perleberg
Celle
Verden
Hoya
Diepholtz
Longitude du Méridien de Paris.

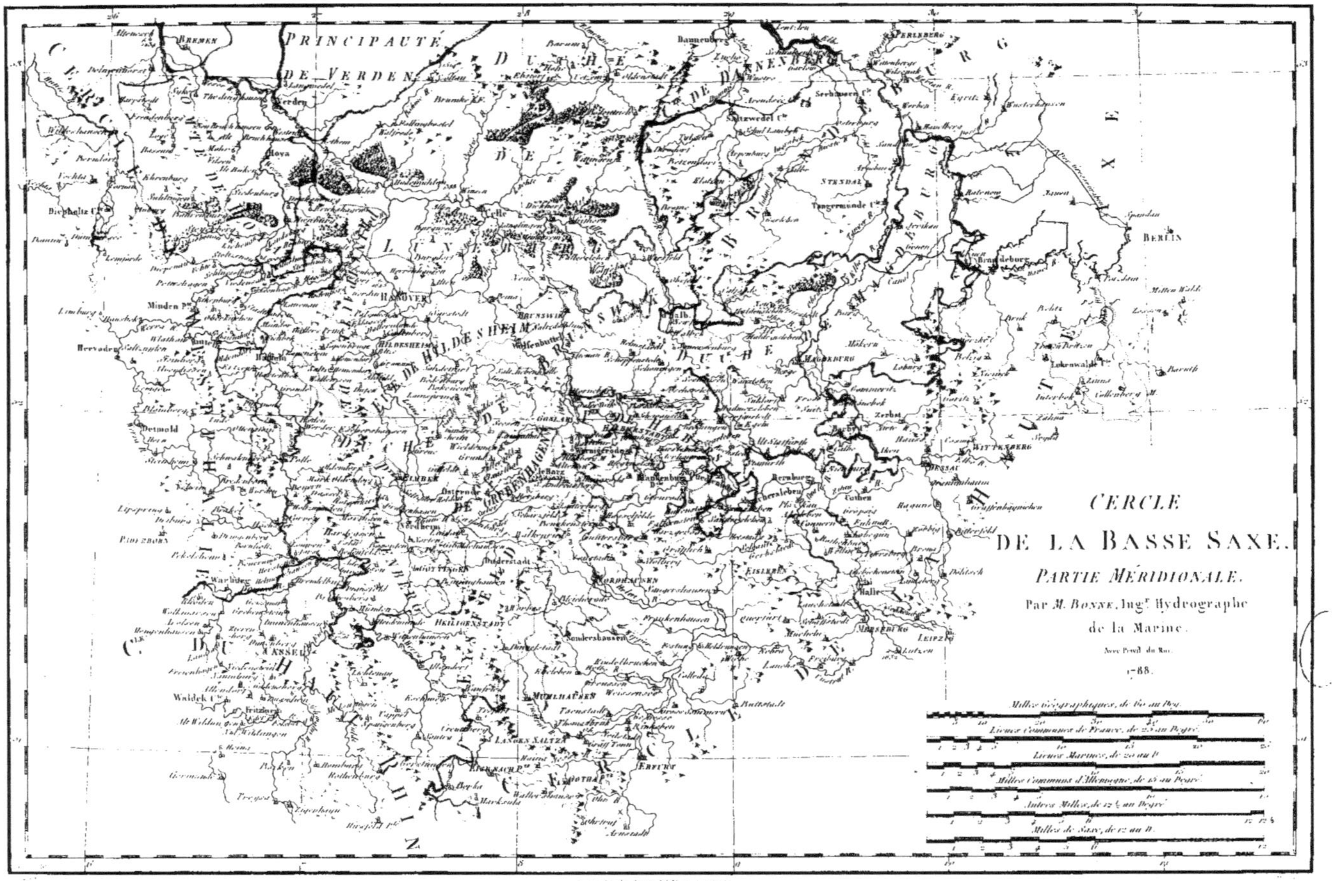

Longitude du Méridien de l'Isle de Fer.

PRINCIPAUTÉ DE VERDEN

DUCHÉ DE LUNEBOURG

DUCHÉ DE BRUNSWIC

PRINCIPAUTÉ DE HILDESHEIM

CERCLE DE WESTPHALIE

HAUTE SAXE

CERCLE DU HAUT RHIN

BREMEN · VERDEN · HOYA · Diepholtz · Minden · HANOVER · Celle · HILDESHEIM · BRUNSWIC · Wolfenbuttel · Detmold · PADERBORN · Warburg · CASSEL · Waldek · GOTTINGEN · HEILIGENSTADT · MULHAUSEN · LANGENSALTZ · EISENACH · GOTHA · ERFURT · NORDHAUSEN · Sondershausen · EISLEBEN · Halle · MERSEBURG · LEIPZIG · DESSAU · WITTENBERG · MAGDEBURG · STENDAL · Brandebourg · BERLIN · Spandau · PERLEBERG · Dannenberg

CERCLE DE LA BASSE SAXE.

PARTIE MÉRIDIONALE.

Par M. Bonne, Ingr. Hydrographe de la Marine.

Avec Privil. du Roi.

1788.

Milles Géographiques, de 60 au Degré.

Lieues Communes de France, de 25 au Degré.

Lieues Marines, de 20 au D.

Milles Communs d'Allemagne, de 15 au Degré.

Autres Milles, de 12 ½ au Degré.

Milles de Saxe, de 12 au D.

Longitude du Méridien de Paris.

Longitude du Méridien de l'Isle de Fer

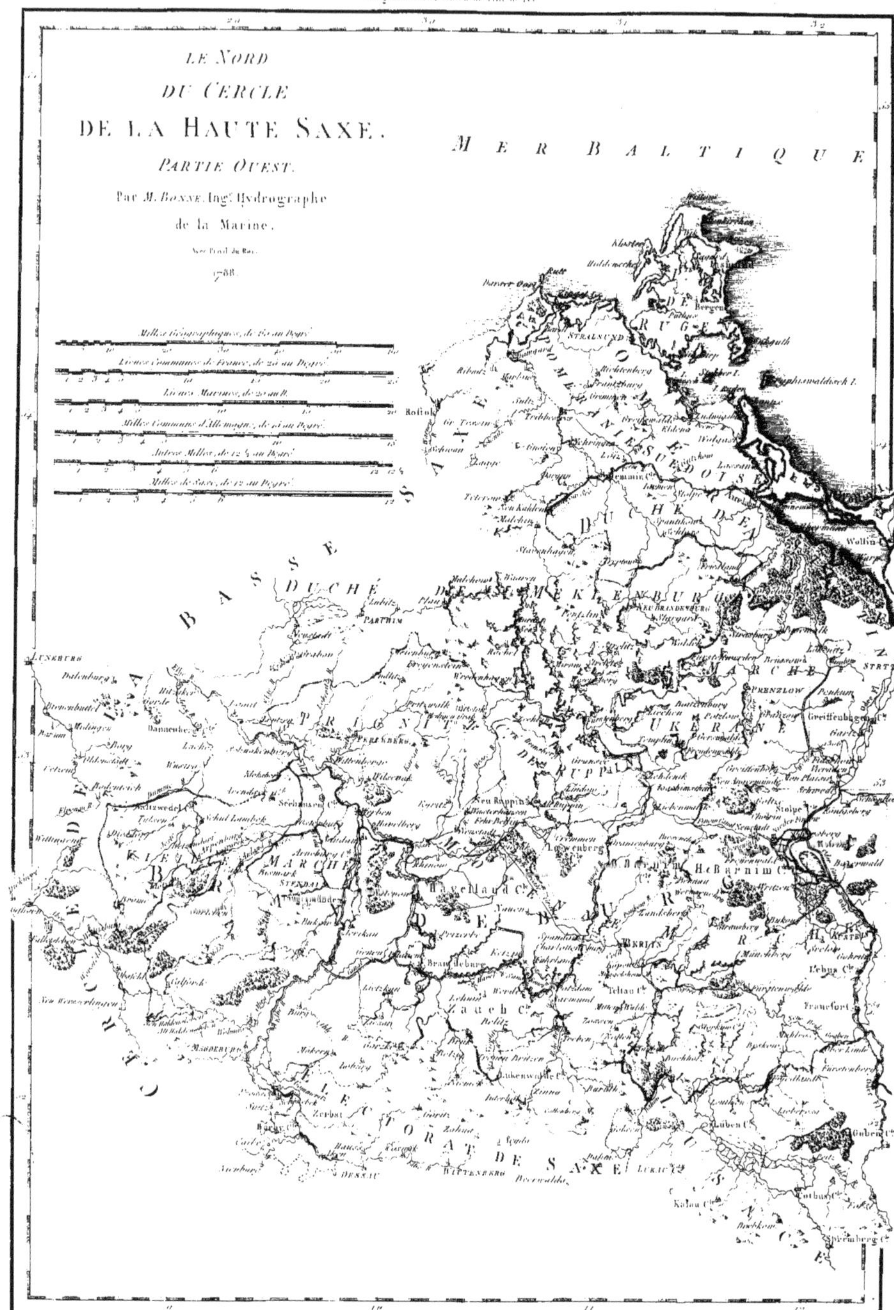

Longitude du Méridien de Paris

Longitude du Meridien de l'Isle de Fer.

Longitude du Meridien de Paris.

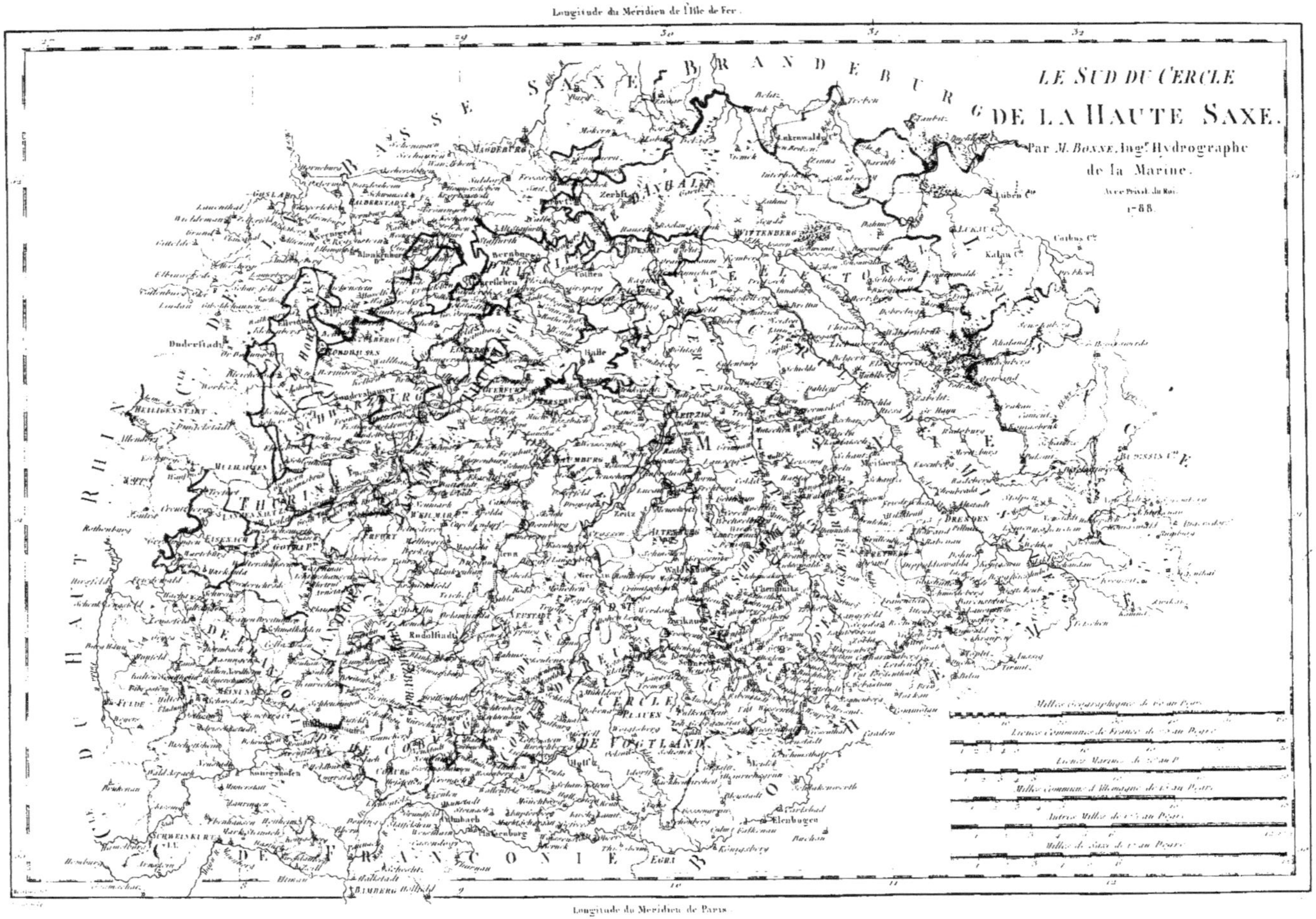

Longitude du Meridien de l'Isle de Fer.

LE SUD DU CERCLE DE LA HAUTE SAXE.

Par M. Bonne, Ingr. Hydrographe de la Marine.

Avec Privil. du Roi.

1788.

BASSE SAXE

BRANDEBURG

CERCLE ÉLECTORAL

ANHALT

THURINGE

CERCLE DE VOGTLAND

CERCLE DE MISNIE

DE FRANCONIE

DU HAUT RHIN

BOHÊME

Milles Géographiques de [illegible] au Degré.

Lieues Communes de France de [illegible] au Degré.

Lieues Marines de [illegible] au D.

Milles Communs d'Allemagne de [illegible] au Degré.

Autres Milles de [illegible] au Degré.

Milles de Saxe de [illegible] au Degré.

Longitude du Meridien de Paris.

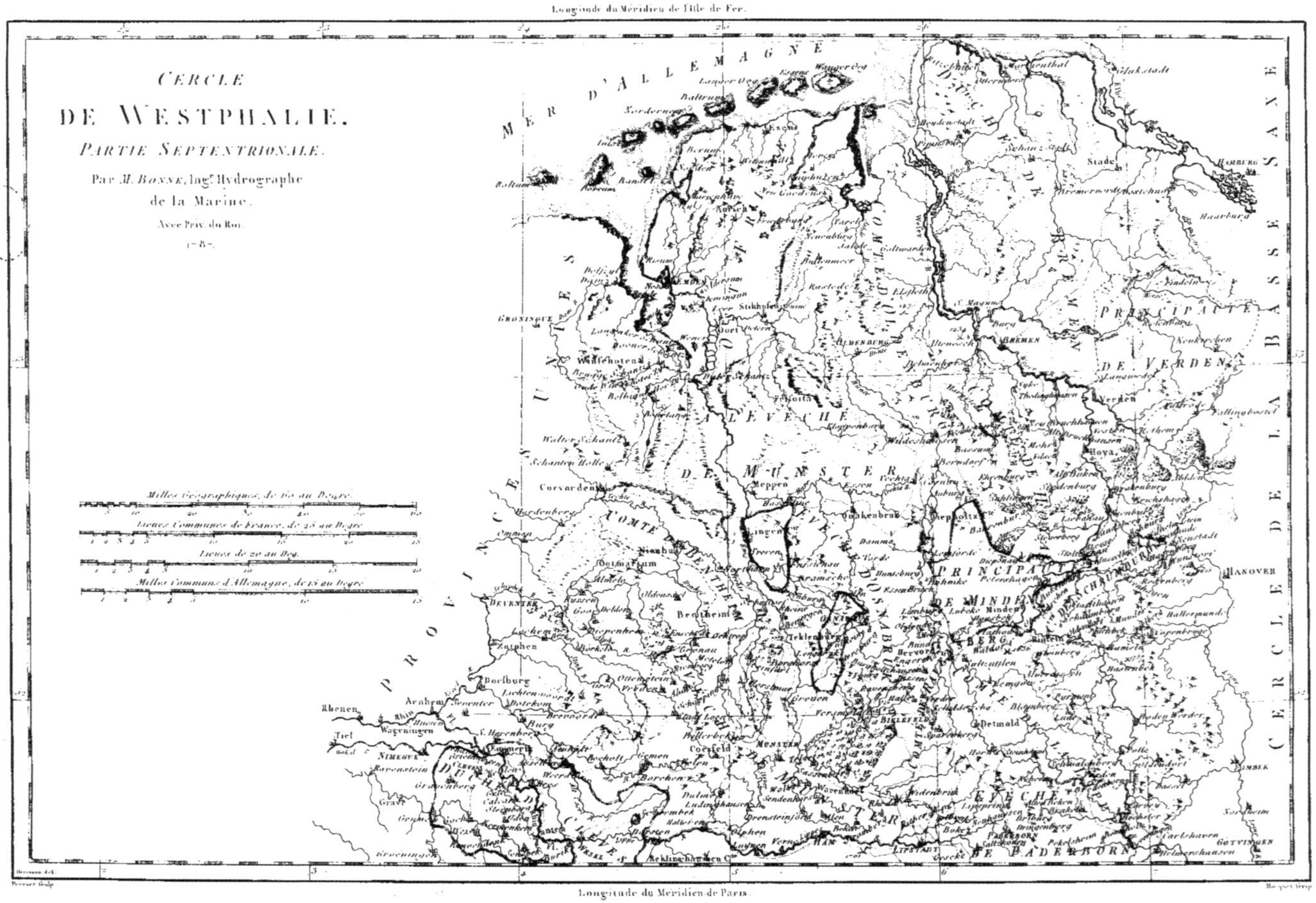
Longitude du Méridien de l'Isle de Fer.
CERCLE
DE WESTPHALIE.
PARTIE SEPTENTRIONALE.
Par M. BONNE, Ingr. Hydrographe
de la Marine.
Avec Priv. du Roi.
MER D'ALLEMAGNE
CERCLE DE LA BASSE SAXE
PROVINCES UNIES
DUCHÉ DE BREMEN
PRINCIPAUTÉ DE VERDEN
COMTÉ D'OLDENBURG
ÉVÊCHÉ DE MUNSTER
COMTÉ DE BENTHEIM
ÉVÊCHÉ D'OSNABRUCK
PRINCIPAUTÉ DE MINDEN
COMTÉ DE HOYA
ÉVÊCHÉ DE PADERBORN
Milles Géographiques, de 60 au Degré
Lieues Communes de France, de 25 au Degré
Lieues de 20 au Deg.
Milles Communs d'Allemagne, de 15 au Degré
Longitude du Méridien de Paris.

Longitude du Meridien de l'Isle de Fer.

CERCLE DE WESTPHALIE.

PARTIE MÉRIDIONALE.

Par M. Bonne, Ingr. Hydrographe de la Marine.

Avec Priv. du Roi.

1787.

Milles Géographiques, de 60 au Degré

Lieues Communes de France, de 25 au Degré

Lieues de 20 au Deg.

Milles Communs d'Allemagne, de 15 au D.

Longitude du Meridien de Paris.

Longitude du Meridien de l'Isle de Fer

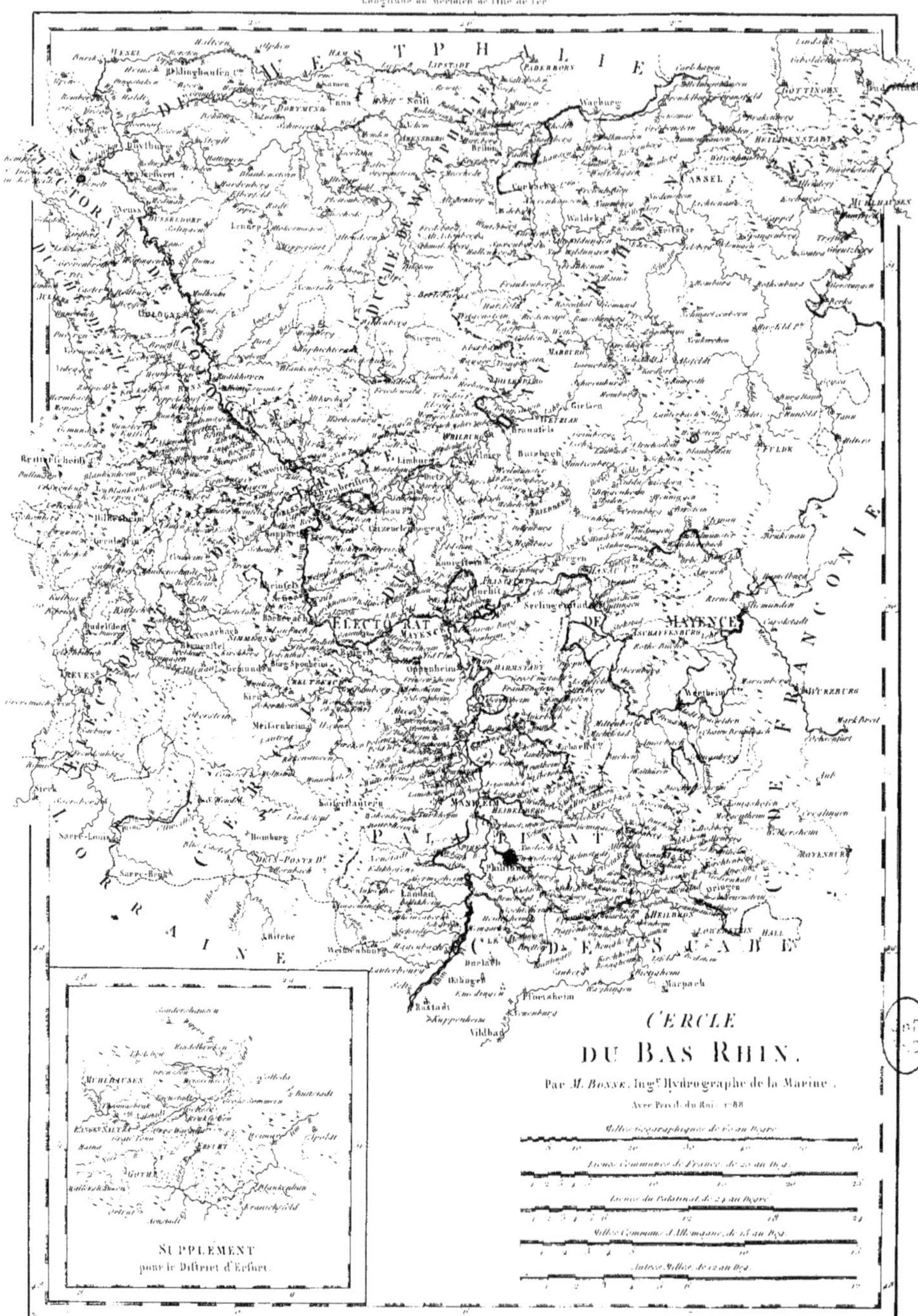

Longitude du Meridien de Paris

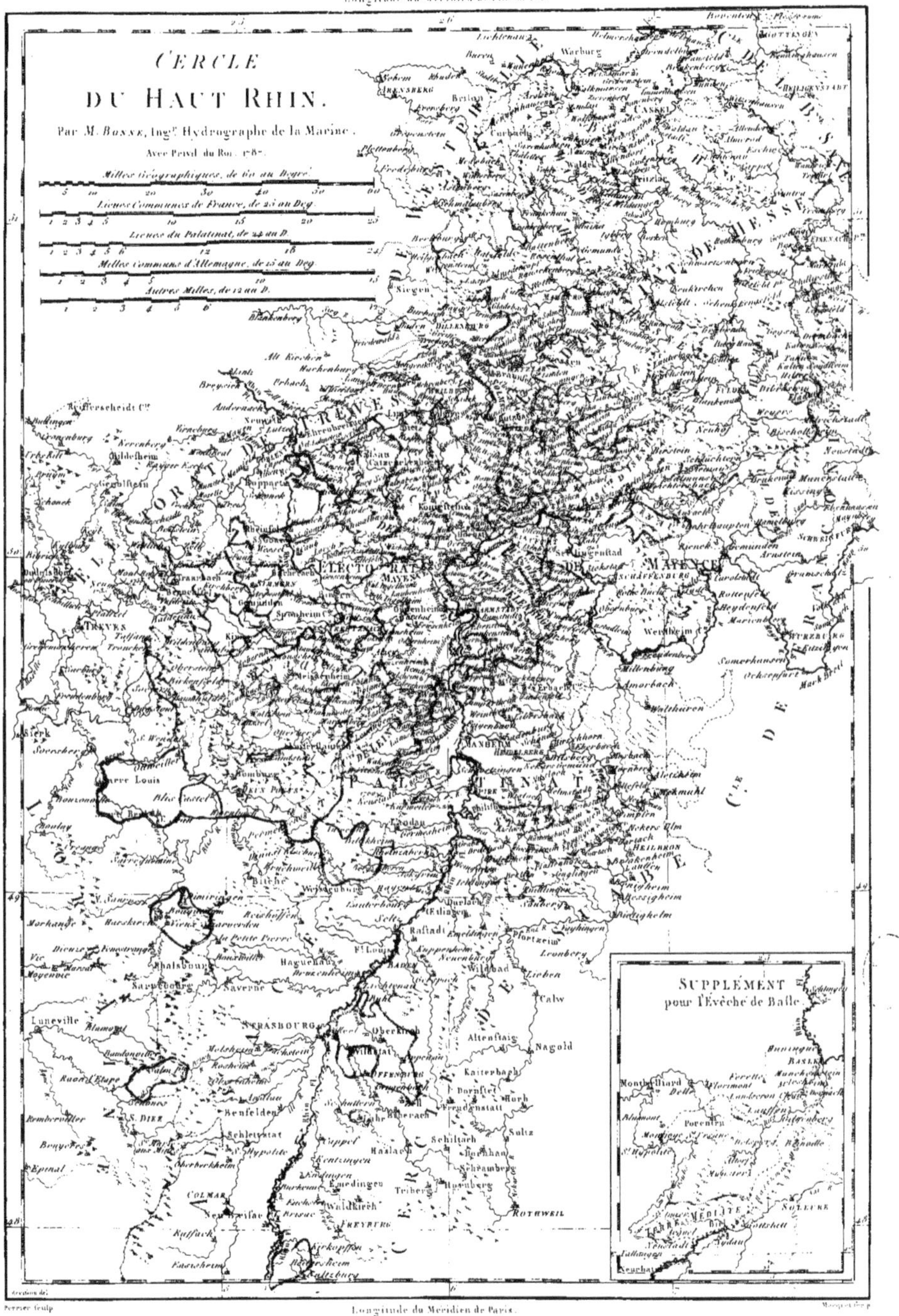
Longitude du Méridien de l'Isle de Fer.
CERCLE
DU HAUT RHIN.
Par M. Bonne, Ingr. Hydrographe de la Marine.
Milles Géographiques, de 60 au Degré
Lieues Communes de France, de 25 au Deg.
Lieues du Palatinat, de 24 au D.
Milles Communs d'Allemagne, de 15 au Deg.
Autres Milles, de 12 au D.
SUPPLÉMENT
pour l'Évêché de Basle.
Longitude du Méridien de Paris.
Perrier Sculp.

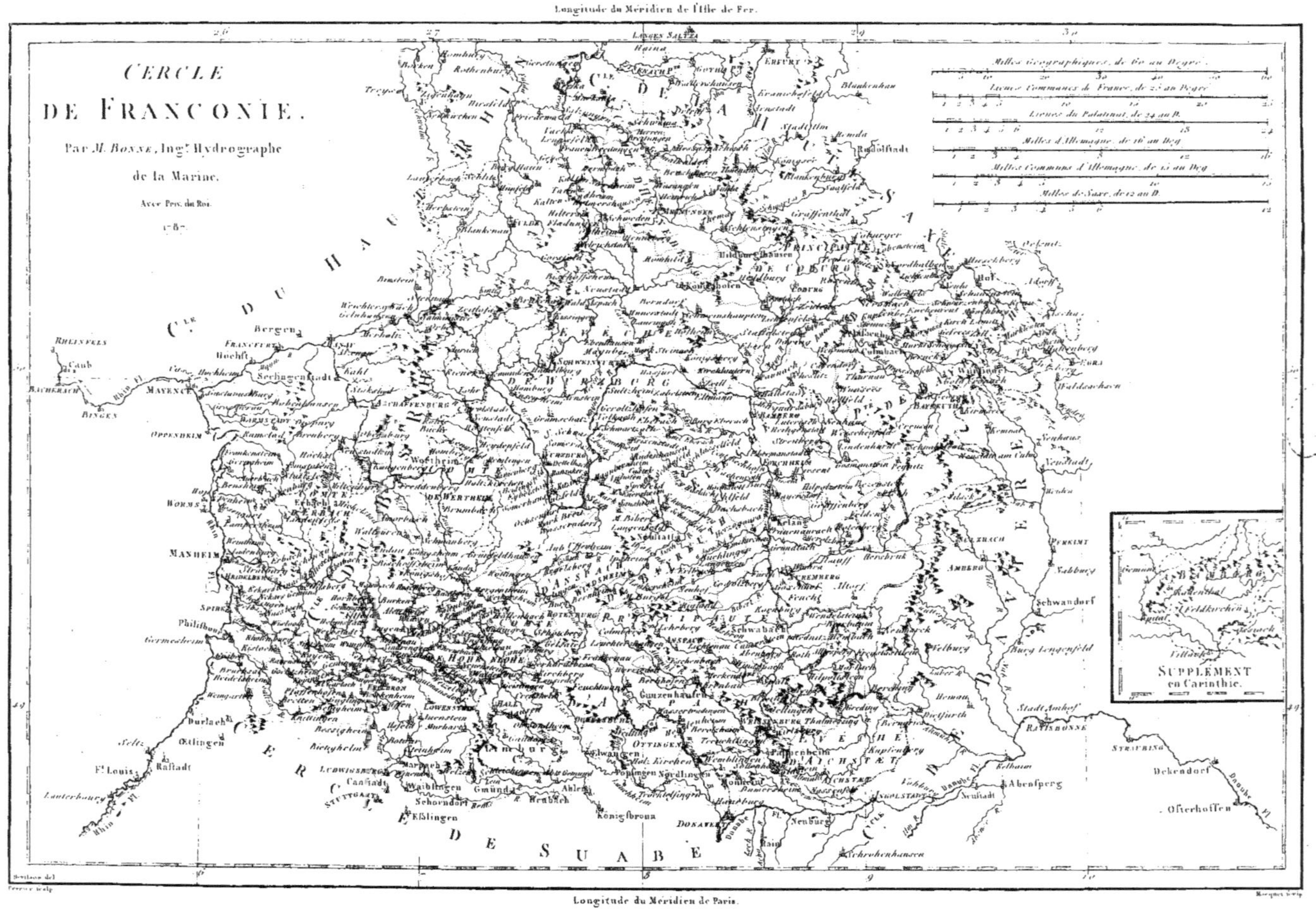

Longitude du Méridien de l'Isle de Fer.

CERCLE DE FRANCONIE.

Par *M. Bonne*, Ingr. Hydrographe

de la Marine.

Avec Priv. du Roi.

1787.

Milles Géographiques, de 60 au Degré.

Lieues Communes de France, de 25 au Degré.

Lieues du Palatinat, de 24 au D.

Milles d'Allemagne, de 16 au Deg.

Milles Communs d'Allemagne, de 15 au Deg.

Milles de Saxe, de 12 au D.

Cle. DU HAUT RHIN

Cle. DE HAUTE SAXE

CERCLE DE SUABE

Cle. DE BAVIERE

SUPPLÉMENT en Carinthie.

Longitude du Méridien de Paris.

Longitude du Méridien de l'Isle de Fer.

CERCLE DE SUABE.

Par M. Bonne, Ingr. Hydrographe de la Marine.

Avec Priv. du Roi.

1787.

Milles Géographiques, de 60 au Degré

10 20 30 40 50 60

Milles Communs d'Allemagne, de 15 au Degré

1 2 3 4 5 10 15

Lieues Communes de France, de 25 au Degré

5 10 15 20 25

Autres Milles de Suisse &c. de 12 au D.

1 2 3 4 5 6 12

Longitude du Méridien de Paris.

Longitude du Méridien de l'Isle de Fer

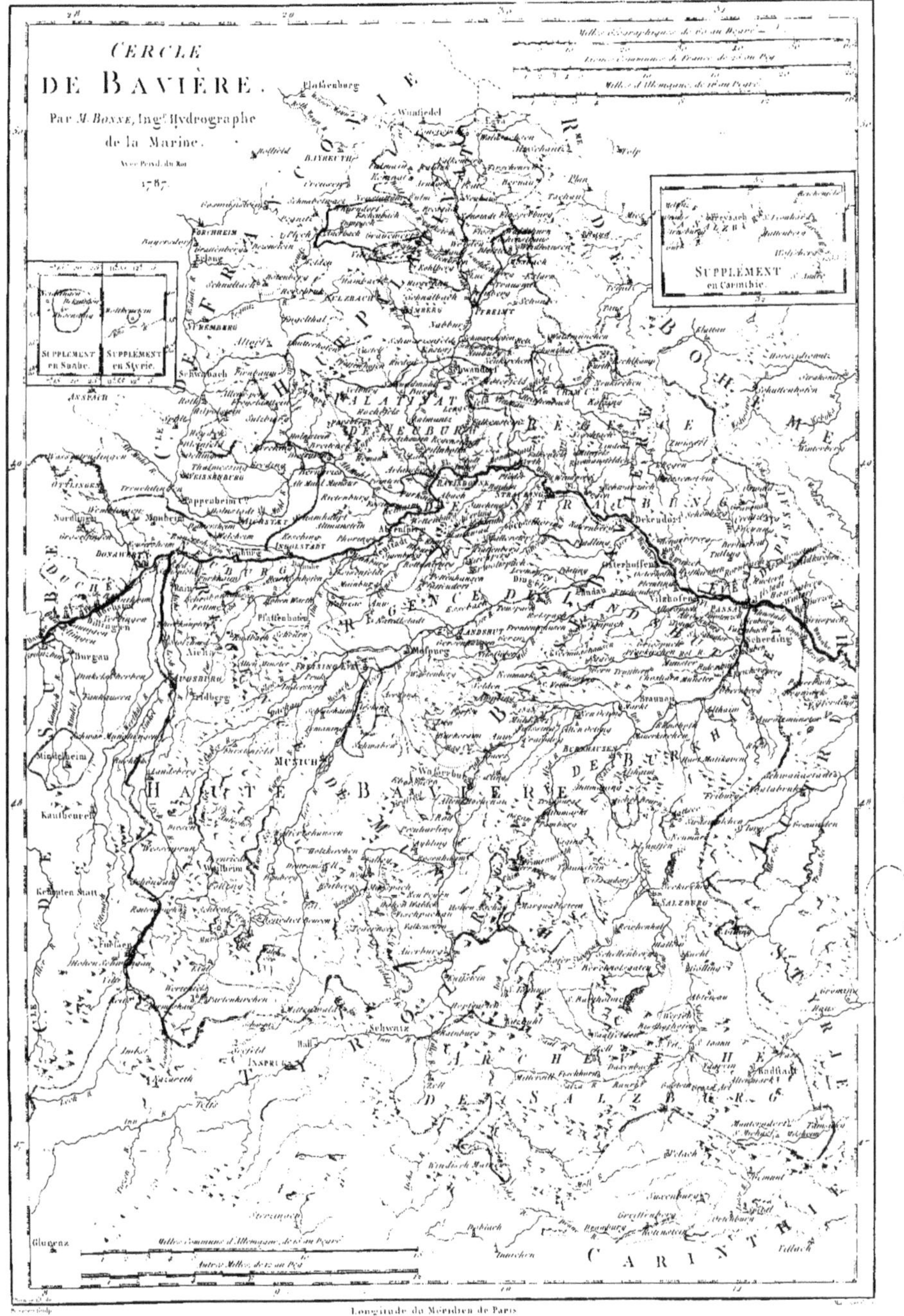

Longitude du Méridien de Paris

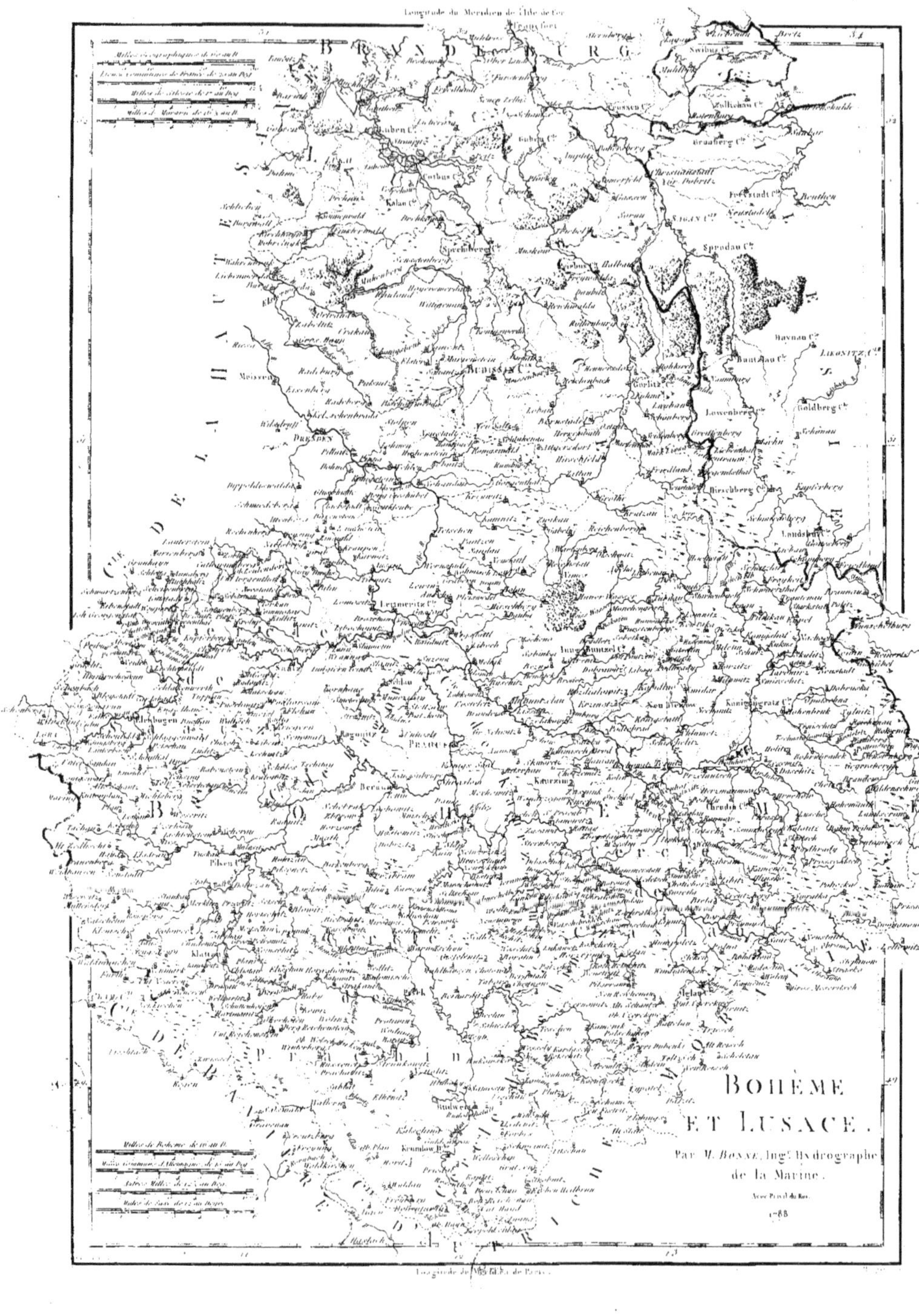
BOHÈME
ET LUSACE.
Par M. Bonne, Ingr. Hydrographe
de la Marine.
1788
BRANDEBOURG
PRAGUE
DRESDEN
BUDISSIN
Görlitz
Pilsen
Budweis
Iglau
Cotbus
Luben
Guben
Sagan
Meissen
Leutmeritz
Kœnigingratz
Hirschberg
Lowenberg
Goldberg
Bunzlau
Jung Buntzel
Chrudim
Krumlow
Klattau

Longitude du Meridien de l'Isle de Fer

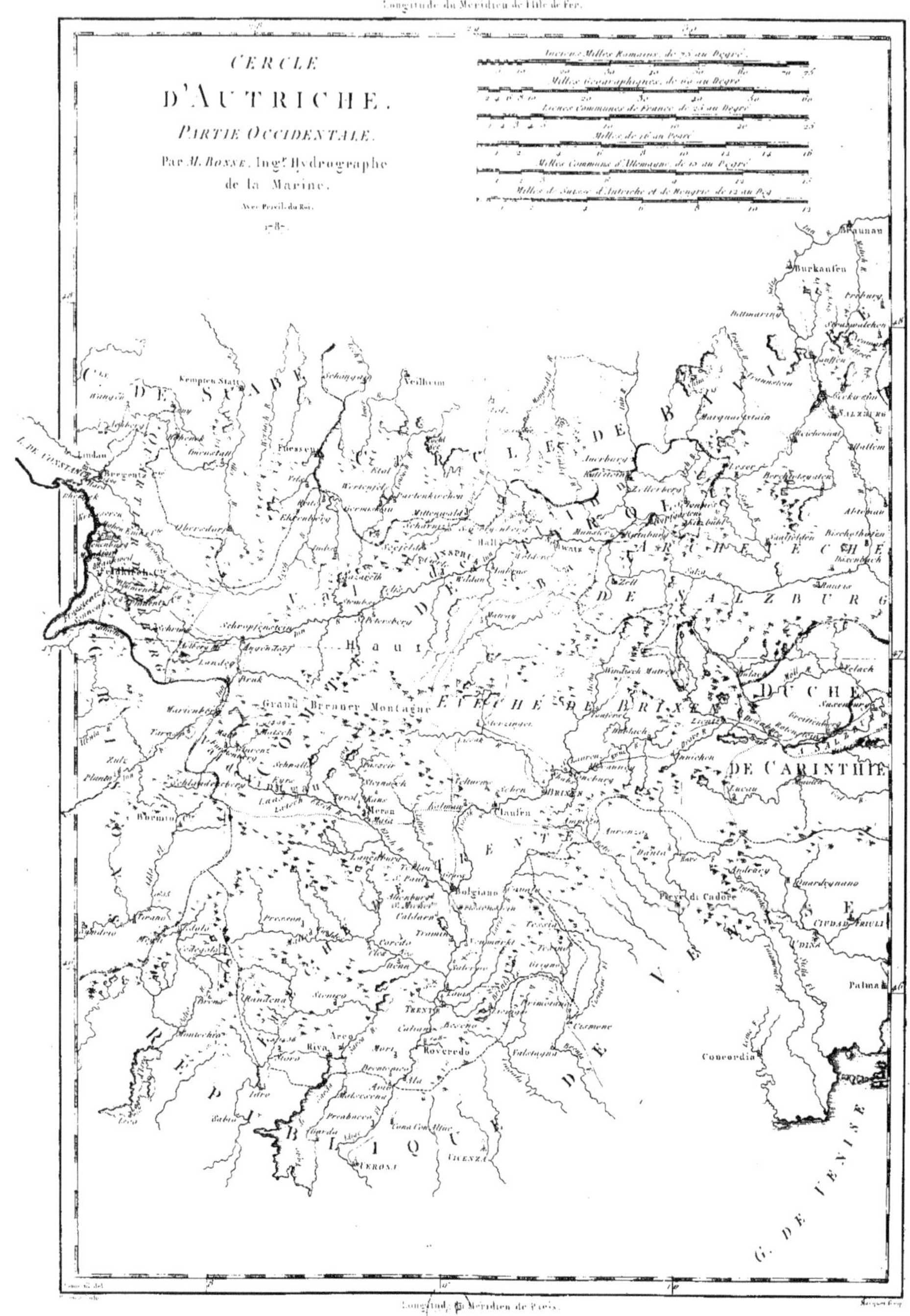
Longitude du Méridien de l'Isle de Fer.
CERCLE
D'AUTRICHE.
PARTIE OCCIDENTALE.
Par M. BONNE, Ingr. Hydrographe
de la Marine.
Avec Privil. du Roi.
Anciens Milles Romains, de 75 au Degré.
Milles Géographiques, de 60 au Degré.
Lieues Communes de France de 25 au Degré.
Milles de 16 au Degré.
Milles Communs d'Allemagne, de 15 au Degré.
Milles de Suisse, d'Autriche et de Hongrie de 12 au Deg.
L. DE CONSTANCE
CERCLE DE SUABE
CERCLE DE BAVIERE
ARCHEVECHE DE SALZBOURG
EVECHE DE BRIXEN
DUCHE DE CARINTHIE
REPUBLIQUE DE VENISE
G. DE VENISE
Grand Brenner Montagne
INSPRUCK
SALZBURG
TRENTO
Roveredo
VERONA
VICENZA
Bolgiano
Brixen
Concordia
Palma
Longitude du Méridien de Paris.

Longitude du Méridien de l'Isle de Fer.

CERCLE D'AUTRICHE.

PARTIE ORIENTALE.

Par M. BONNE, Ingr. Hydrographe de la Marine.

Avec Pri. du Roi.

1-8-

Anciens Milles Romains, de 75 au Degré

Milles Géographiques, de 60 au Degré

Lieues Communes de France, de 25 au Degré

Milles, de 16 au Degré

Milles Communs d'Allemagne, de 15 au Degré

Milles de Poste d'Autriche et de Hongrie, de 12 au Degré

Longitude du Méridien de Paris.

Longitude du Méridien de l'Isle de Fer.
CARTE DU ROYAUME
DE POLOGNE
ET DU GRAND DUCHÉ
DE LITHUANIE;
avec les démembrements qu'ils ont éprouvés
en 1772.
Par M. BONNE, Ingen.r Hydrographe
de la Marine.
Avec Privilege du Roi. 1786
Longitude du Méridien de Paris.
MER BALTIQUE
LIVONIE
RUSSIE
LITHUANIE
POMERANIE
PRUSSE
POLESIE
UKRAINE
POLOGNE
HONGRIE
Mitau
Riga
Dunebourg P.
Witepsk P.
Smolensko
Mohilow
Konigsberg
Memel
Dantzick
Stettin
Custrin
Francfort
Thorn
Culm
Plock
Warsovie P.
Grodno
Wilna
Troki P.
Nowogrodek P.
Minsk P.
Mozyr
Kiow P.
Lublin P.
Zamosc
Leopol ou Lemberg
Kaminiec
Sandomir
Cracovie P.
Breslau
Oppelen
Glatz
Ratibor
Teschen
Uigwar
Czernigow
Pereaslaw
Braclaw P.
Human
Lucko
Dubno
Constantinow

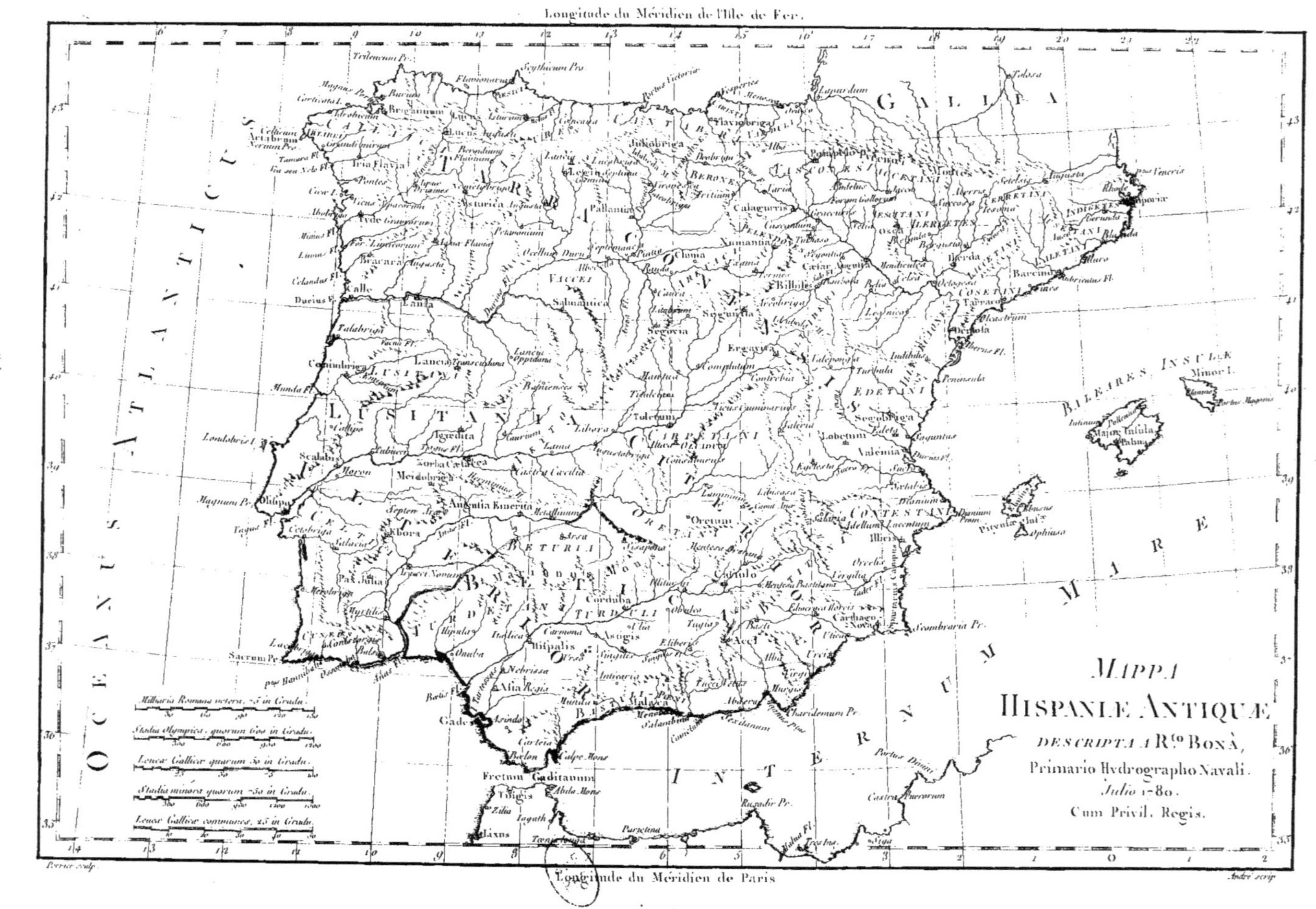
Longitude du Méridien de l'Isle de Fer.
MAPPA
HISPANIÆ ANTIQUÆ
DESCRIPTA A R.to BONÀ,
Primario Hydrographo Navali.
Julio 1780.
Cum Privil. Regis.
OCEANUS ATLANTICUS
MARE INTERNUM
GALLIA
LUSITANIA
BALEARES INSULÆ
Fretum Gaditanum
Longitude du Méridien de Paris
Perrier sculp.
André scrip.

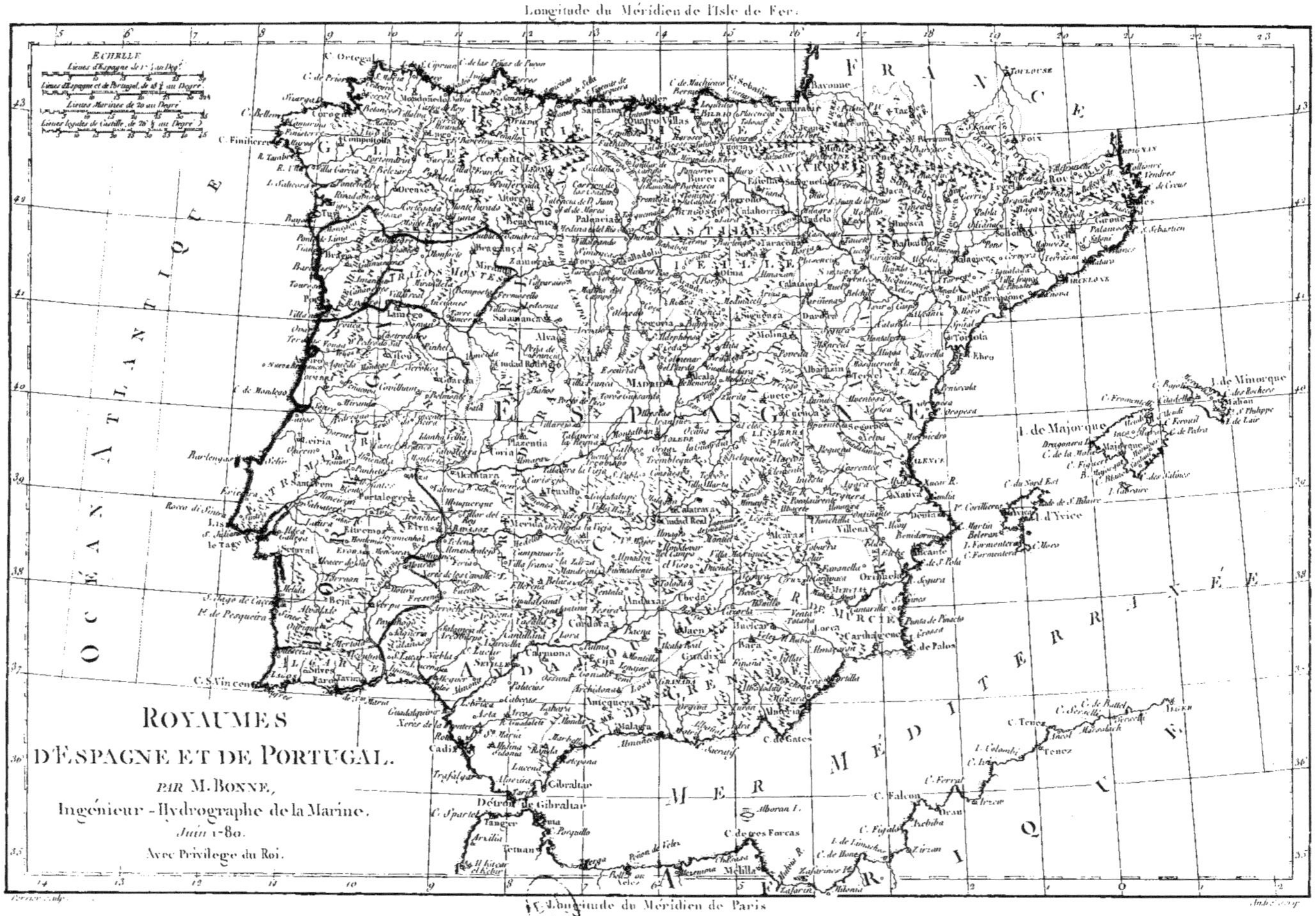
Longitude du Méridien de l'Isle de Fer.
ECHELLE
Lieues d'Espagne de 17 1/2 au Degré
Lieues d'Espagne et de Portugal, de 18 2/3 au Degré
Lieues Marines de 20 au Degré
Lieues légales de Castille, de 26 1/2 au Degré
OCÉAN ATLANTIQUE
FRANCE
ESPAGNE
MER MÉDITERRANÉE
AFRIQUE
I. de Majorque
I. de Minorque
I. d'Yvice
ROYAUMES
D'ESPAGNE ET DE PORTUGAL.
PAR M. BONNE,
Ingénieur-Hydrographe de la Marine.
Juin 1780.
Avec Privilege du Roi.
Longitude du Méridien de Paris

Longitude du Méridien de l'Isle de Fer
MAPPA ITALIÆ ANTIQUÆ
DESCRIPTA A R.^{to} BONÀ
Primario Hydrographo Navali.
April. 1779.
Cum Priv. Regis.
Millaria Romana veteri 75 in Gradu
Millaria Geographica 60 in Gradu
Leucæ Galliæ communes 25 in Gradu
HELVETIA
RHÆTIA
NORICUM
CARNI
HISTRIA
IAPYDES
LIBURNIA
DALMATIA
GALLIA CISALPINA
VENETIA
LIGURIA
ETRURIA
TUSCIA
UMBRIA
PICENUM
SABINI
LATIUM
CAMPANIA
SAMNIUM
APULIA
LUCANIA
BRUTIUM
CORSICA
SARDINIA
SICILIA
MARE SUPERUM quod et HADRIATICUM
LIGUSTICUS SINUS
TUSCUM MARE sive ETRUSCUM quod et TYRRHENUM
MARE INFERUM
TARENTINUS SINUS
Scylacius Sinus
Æoliæ quæ et Vulcaniæ Insulæ
AFRICA
Roma
Genua
Ravenna
Ariminum
Ancona
Neapolis
Tarentum
Rhegium
Messana
Syracusæ
Caralis
Aleria
Carthago
Tunes
Melita Ins.
Longitude du Méridien de Paris

Longitude du Méridien de l'Isle de Fer
ITALIE MODERNE
DRESSÉE PAR Mr. BONNE,
Premier Hydrographe de la Marine.
Avec Privil. du Roi.
Milles Romains de 75 au Degré
Milles de Piemont de 50 au Degré
Lieues communes de France de 25 au Degré
Milles Géographiques de 60 au Degré
PARTIE D'ALLEMAGNE
ETAT DE VENISE
CARNIOLE
TURQUIE D'EUROPE
GOLFE DE VENISE
DALMATIE
MER MEDITERRANÉE
AFRIQUE
Longitude du Méridien de Paris

Longitude du Méridien de l'Isle de Fer.

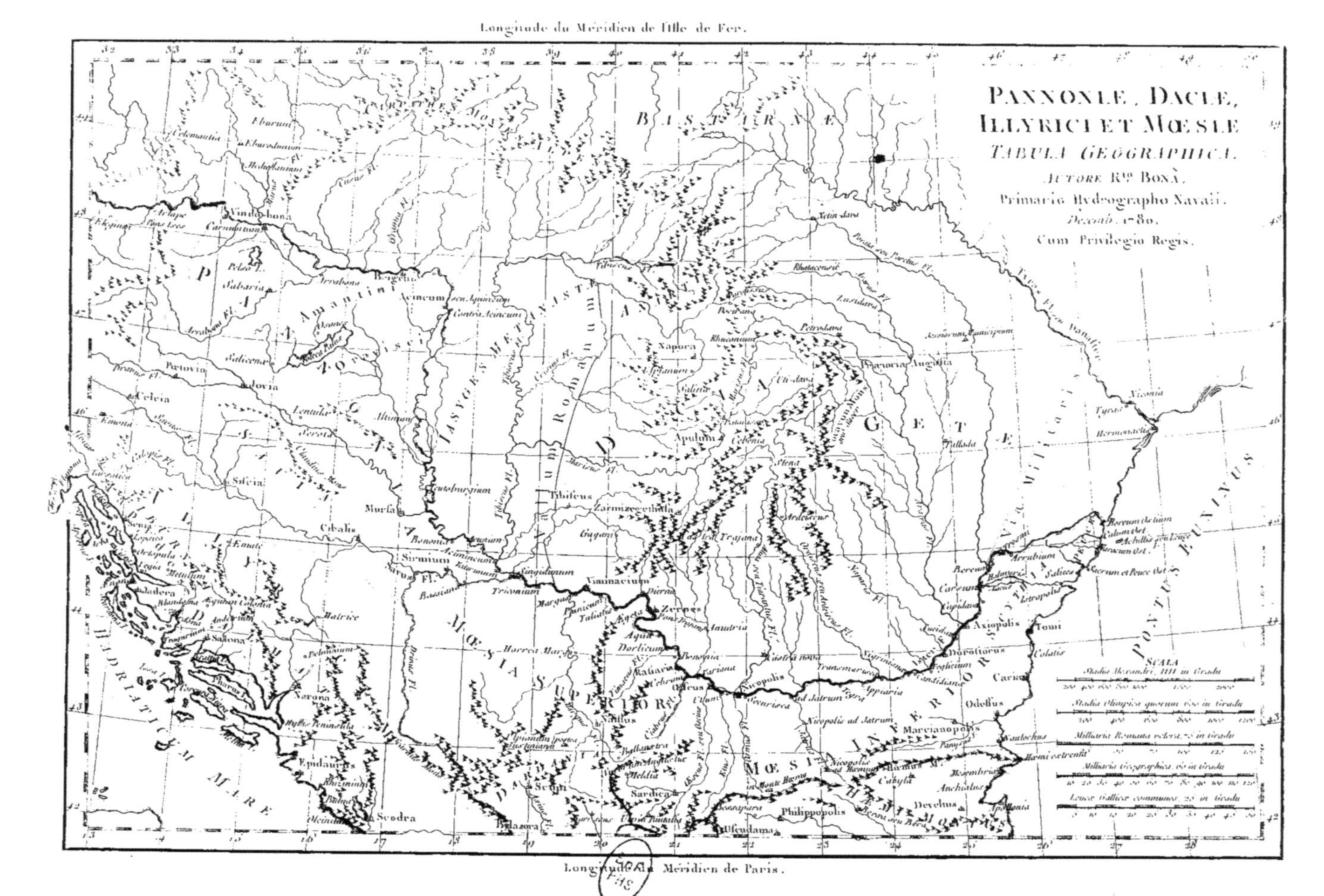

Longitude du Méridien de Paris.

Longitude du Méridien de l'Isle de Fer.

ROYAUME DE HONGRIE;
Avec la Partie la plus Septentrionale DE LA TURQUIE D'EUROPE.

Par M. BONNE, Ingen.r-Hydrographe de la Marine.

Juillet, 1781.

Avec Privilege du Roi.

MORAVIE
ALLEMAGNE
HONGRIE
POLOGNE
PODOLIE
MOLDAVIE
TRANSYLVANIE
BESSARABIE
VALAQUIE
BANAT DE TEMESWAR
ESCLAVONIE
CROATIE
BOSNIE
SERVIE
DALMATIE
BULGARIE
ROMANIE
MER NOIRE
GOLFE DE VENISE

Lieues Communes de Hongrie de 12½ au Degré

Milles Communs d'Allemagne de 15 au Degré

Agatch de Turquie de 22 ⅓ au Degré

Lieues Communes de France de 25 au Degré

Longitude du Méridien de Paris.

Longitude du Méridien de l'Isle de Fer.
MAPPA GRECIÆ ANTIQUÆ
ET
VICINARUM REGIONUM
descripta a R^{to}. BONÂ
Primario Hydrographo Navali
Septemb.^r 1779.
Cum Priv. Regis
SCALA
Stadia Alexandri. 1111. in Gradu
Stadia Olimpica quorum 600. in Gradu
Milliaria Romana vetera, 75. in Gradu
Milliaria Geographica, 60. in Gradu
Leucæ Gallicæ communes, 25 in Gradu
PONTUS EUXINUS
HADRIATICUM MARE
IONIUM MARE
ÆGEUM MARE
MARE CRETICUM
ASIA MINOR
Longitude du Méridien de Paris.

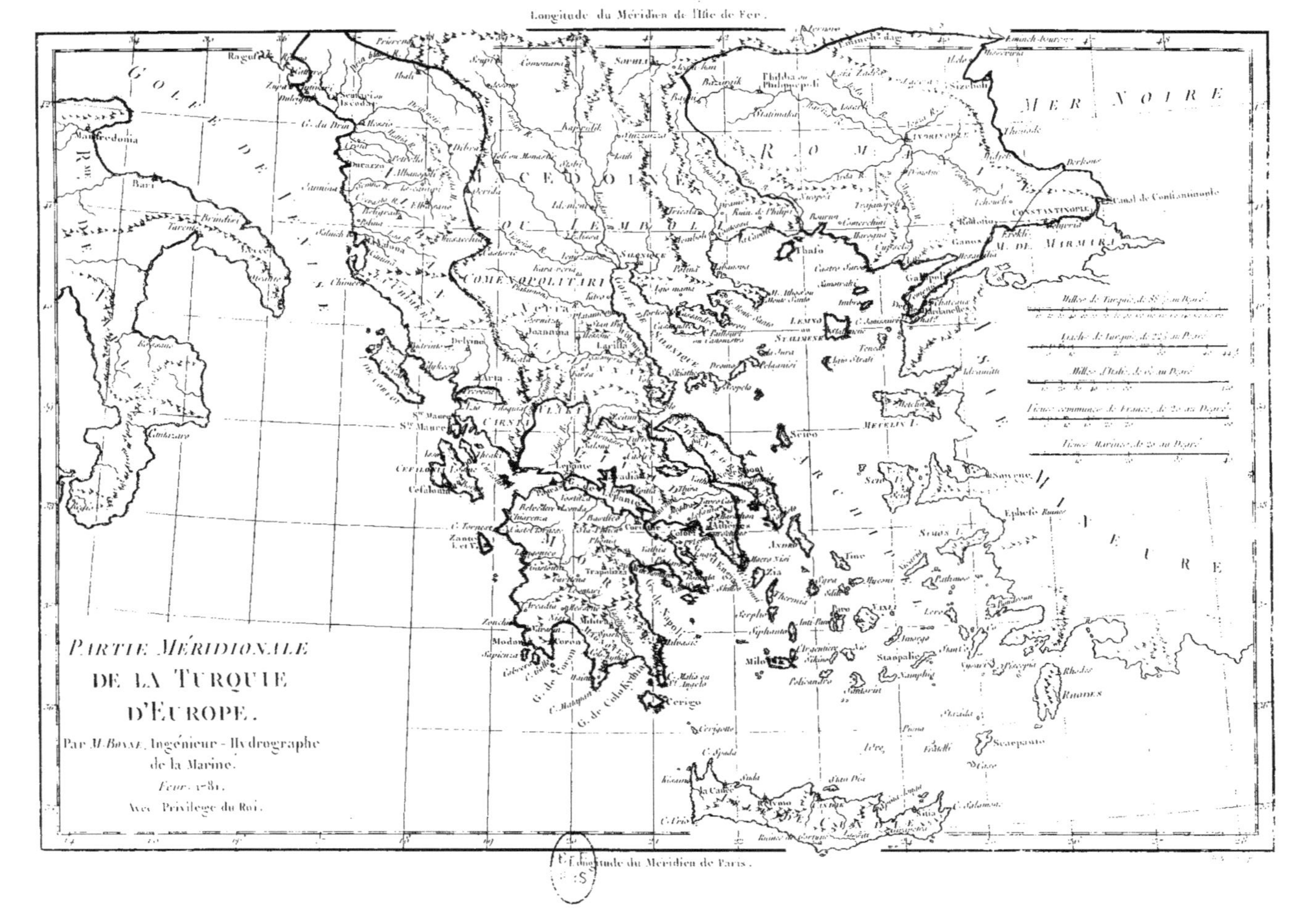
Longitude du Méridien de l'Isle de Fer.
PARTIE MÉRIDIONALE
DE LA TURQUIE
D'EUROPE.
Par M. Bonne, Ingénieur-Hydrographe
de la Marine.
Fevr. 1781.
Avec Privilege du Roi.
MER NOIRE
CONSTANTINOPLE
Canal de Constantinople
M. DE MARMARA
MACEDOINE
COMENOPOLITARI
GOLFE DE VENISE
MORÉE
LEMNO ou STALIMENE
Manfredonia
Bari
Brindisi
Tarente
Durazzo
Cefalonia
Zante
Modon
Coron
Cerigo
Milo
Rhodes
RHODES
Scarpanto
Thaso
Longitude du Méridien de Paris.

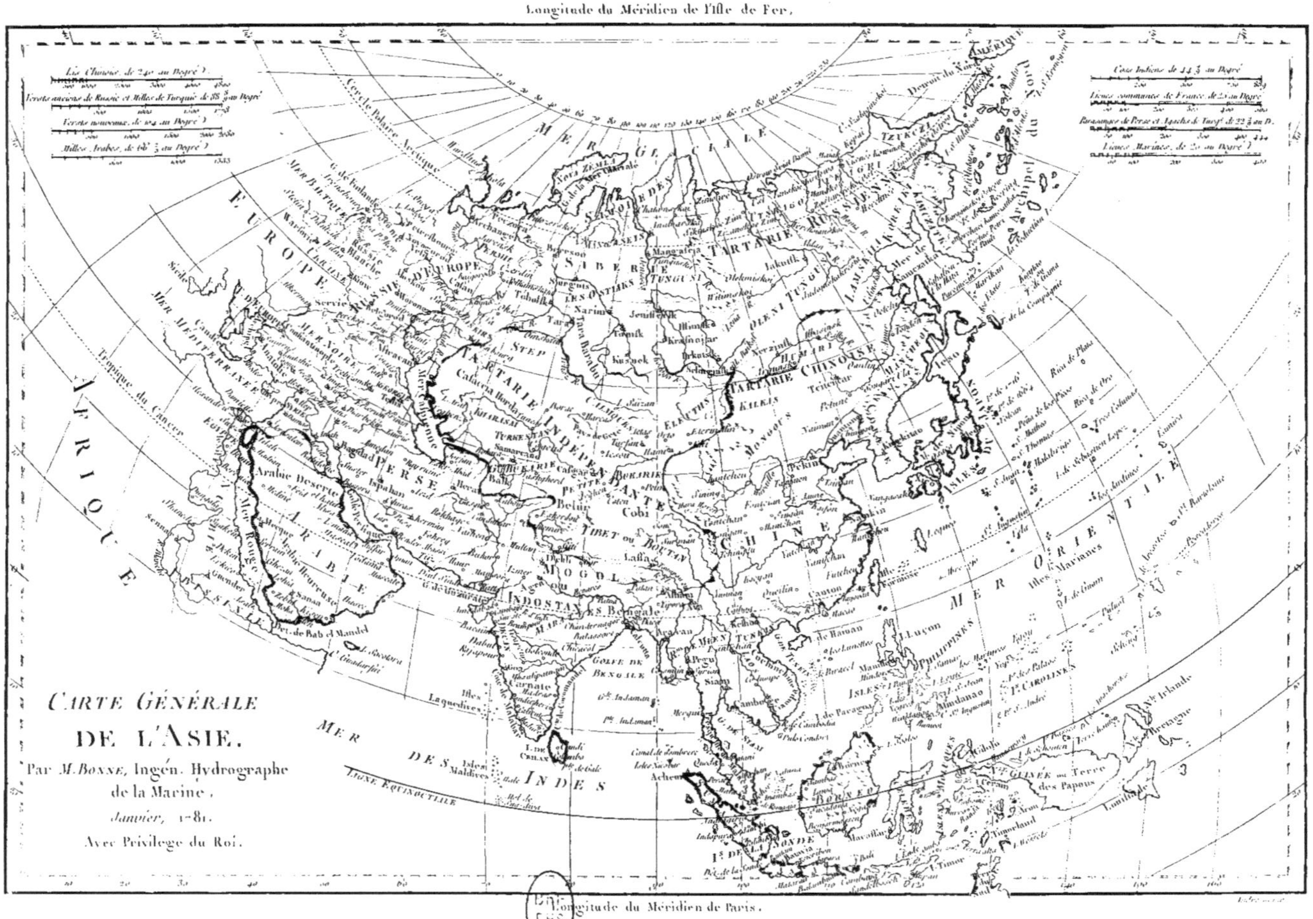

Longitude du Méridien de l'Isle de Fer.

Lis Chinois, de 240 au Degré.

Verstes anciens de Russie et Milles de Turquie de 83 ⅓ au Degré.

Verstes nouveaux, de 104 au Degré.

Milles Arabes, de 66 ⅔ au Degré.

Coss Indiens de 44 ⅔ au Degré.

Lieues communes de France de 25 au Degré.

Parasanges de Perse et Agachs de Turq. de 22 ½ au D.

Lieues Marines, de 20 au Degré.

CARTE GÉNÉRALE DE L'ASIE.

Par M. BONNE, Ingén. Hydrographe de la Marine.

Janvier, 1781.

Avec Privilege du Roi.

Longitude du Méridien de Paris.

Longitude du Méridien de l'Isle de Fer.
PONTUS EUXINUS
THRACIA
MARE INTERNUM
MESOPOTAMIA
CAPPADOCIA
PHRYGIA
GALATIA
Asia Minor,
DESCRIPTA A Rto BONA,
Primario Hydrographo Navali.
Decemb. 1779.
Cum Privilegio Regis.
Longitude du Méridien de Paris.

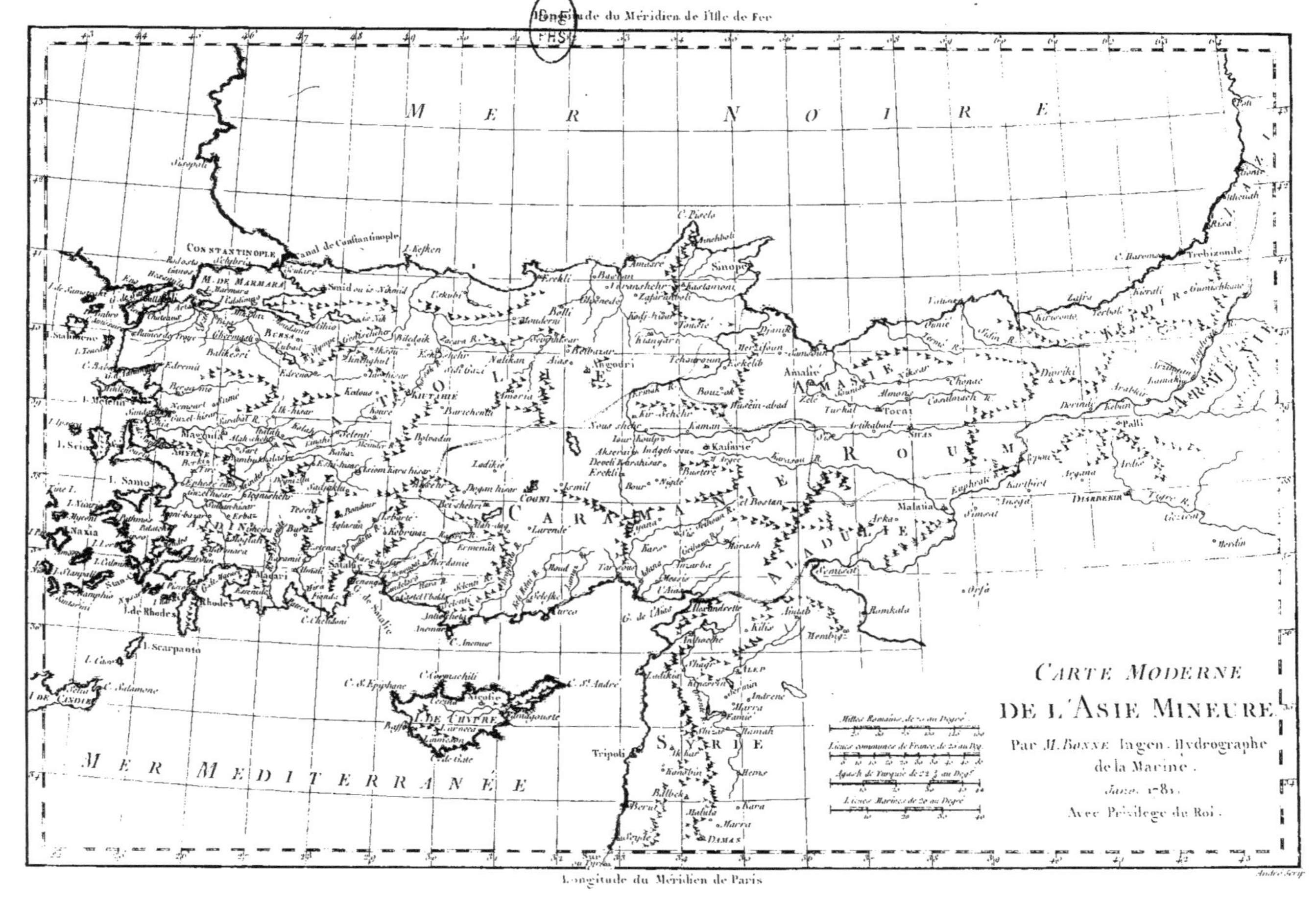
Longitude du Méridien de l'Isle de Fer
MER NOIRE
CONSTANTINOPLE
Canal de Constantinople
M. DE MARMARA
Sinope
Trebizonde
ANATOLIE
AMASIE
ROUM
CARAMANIE
ALADULIE
ARMENIE
SYRIE
Angouri
Kutahié
Bursa
Smyrne
Couni
Kaisarie
Sivas
Tocat
Malatia
Diarbekir
Alep
Damas
Tripoli
Alexandrette
I. DE CHYPRE
I. de Rhodes
I. Samo
I. Scarpanto
I. DE CANDIE
MER MEDITERRANÉE
CARTE MODERNE
DE L'ASIE MINEURE
Par M. Bonne Ingen. Hydrographe
de la Marine.
Janv. 1781.
Avec Privilège du Roi.
Milles Romains de 70 au Degré
Lieues communes de France de 25 au Deg.
Agach de Turquie de 22 ½ au Degré
Lieues Marines de 20 au Degré
Longitude du Méridien de Paris
André Sculp.

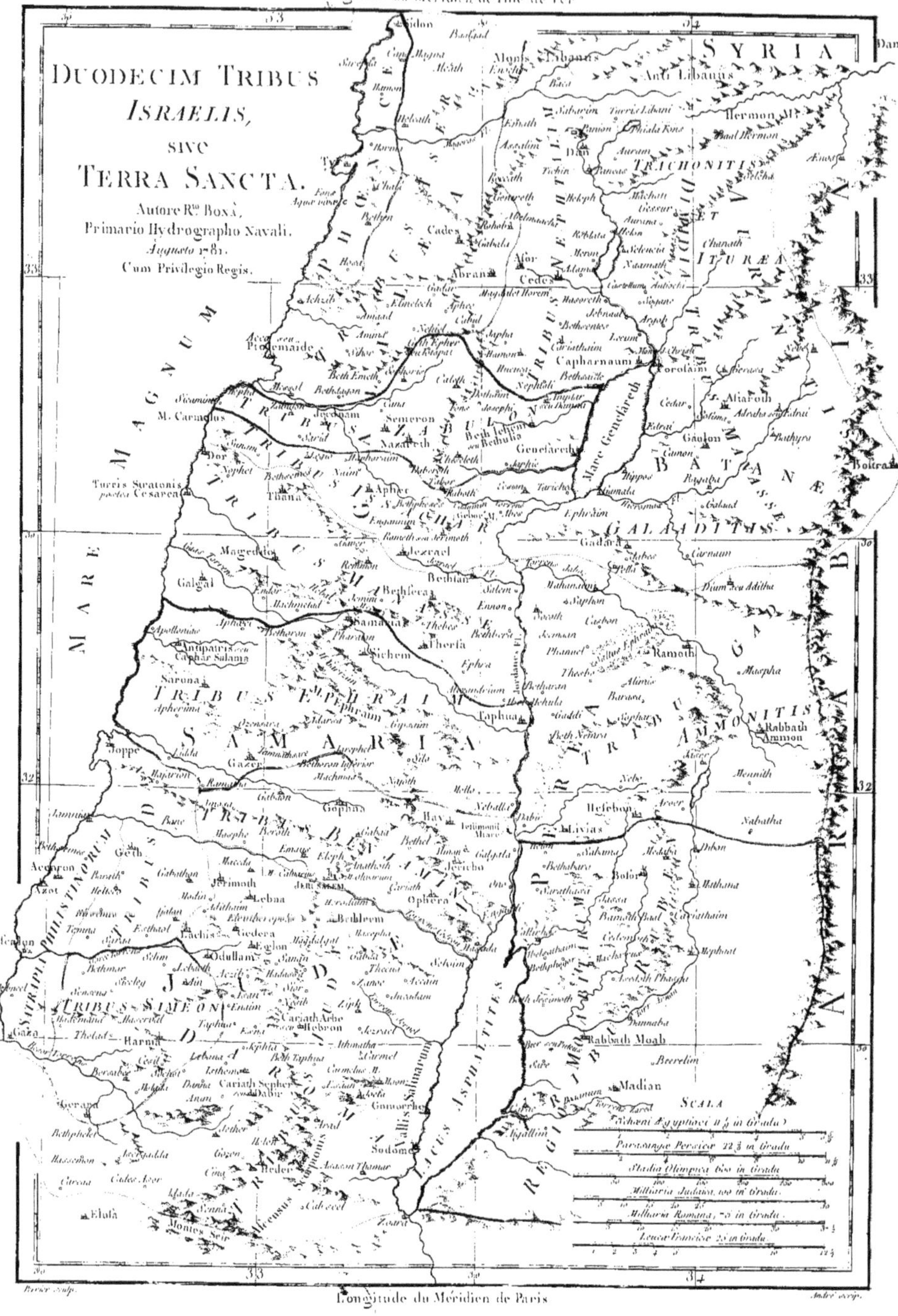

Longitude du Méridien de Paris

Longitude du Méridien de l'Isle de Fer.
PALÆSTINA
ET
SYRIA.
AUTORE R.^{NE} BONNE,
Primario Hydrographo Navali.
Aprili, 1781.
Cum Privilegio Regis.
CILICIA
ISAURIA
CILICIA CAMPESTRIS
COMAGENE
EUPHRATENSIS
CILICIÆ FRETUM
CYPRUS
MARE INTERNUM
SYRIA
PHŒNICIA
AURANITIS
ARABIA
AMMONITIS
Tarsus
Seleucia
Issicus Sinus
Alexandria
ANTIOCHIA
Seleucia Pieria
Casius M.
Chalcis
Berhœa seu Chalybon
Laodicea ad Mare
APAMEA
Salamis
Antaradus
Aradus
Epiphania seu Hemath
Emesa
Heliopolis
Berytus
Sidon
Abyla
DAMASCUS
TYRUS
Hermon M.
BOSTRA
Ramoth
Amman seu Philadelphia
Joppe
Jamnia
Bethleem
Hebron
Moab
Madian
Gaza
Gerara
Rhinocorura
Longitude du Méridien de Paris

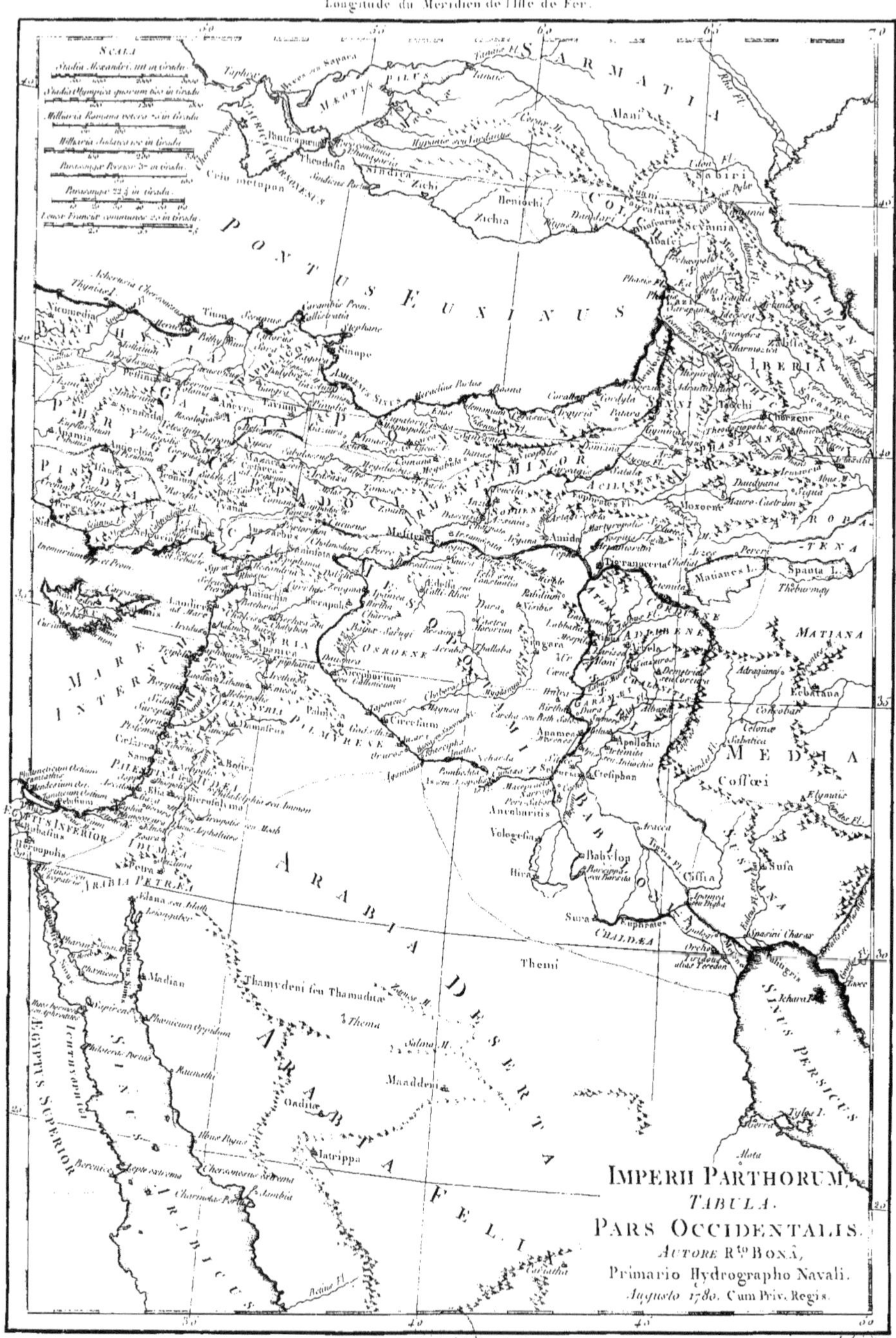
Longitude du Méridien de l'Isle de Fer.
IMPERII PARTHORUM,
TABULA.
PARS OCCIDENTALIS.
AUTORE R.to BONÂ,
Primario Hydrographo Navali.
Augusto 1780. Cum Priv. Regis.
Longitude du Méridien de Paris.
PONTUS EUXINUS
SARMATIA
MARE INTERNUM
ARABIA DESERTA
SINUS PERSICUS
MEDIA
IBERIA
ARABIA PETRÆA
CHALDÆA
Babylon
Ctesiphon
Ecbatana
Susa
Themi
Madian
Iatrippa
Maaddeni
Oaditæ
Matiana
Cossæi
Spauta L.
Matianus L.
Tigranocerta
Amida
Sinope
Nicomedia
Ancyra
Thamydeni seu Thamudita

Longitude du Méridien de l'Isle de Fer.
CARTE MODERNE
DE LA MAJEURE PARTIE
DE LA TURQUIE D'ASIE;
AVEC LES PAYS CIRCONVOISINS.
Par M. Bonne Ingénieur-Hydrographe
de la Marine.
Septembre 1781. Avec Priv. du Roi.
MER NOIRE
MER D'AZOW
CIRCASSIE
MER CASPIENNE
GEORGIE
ARMENIE
CURDISTAN
ROUM
ALADULI
CARAMANIE
DIARBEKIR
ALGEZIRA
IRAC AJEMI
PERSE
IRAC ARABI
LOURISTAN
CHUDISTAN
SYRIE
ISLE DE CHYPRE
MER MÉDITERRANÉE
ARABIE PETRÉE
ARABIE DÉSERTE
ARABIE HEUREUSE
MER ROUGE
GOLFE PERSIQUE
Lac de Van
Lac d'Urmia
Sinope
Trebizonde
Angoura
Malaria
Orfa
Mosul
Bagdad
Bassora
Tripoli
Seyde
Damas
Jerusalem
Gaza
Suez
Thamud
Medine
Tebuc
Hamedan
Nehauend
Ispahan
Azow
Terki
Derbent
Erzerum
Mer. Hosein
Teniim
Anizé
Maaden al Nocra
Calaat el Moilah
Madian
Tor
Sora
Corna
Longitude du Méridien de Paris.

Longitude du Méridien de l'Isle de Fer.

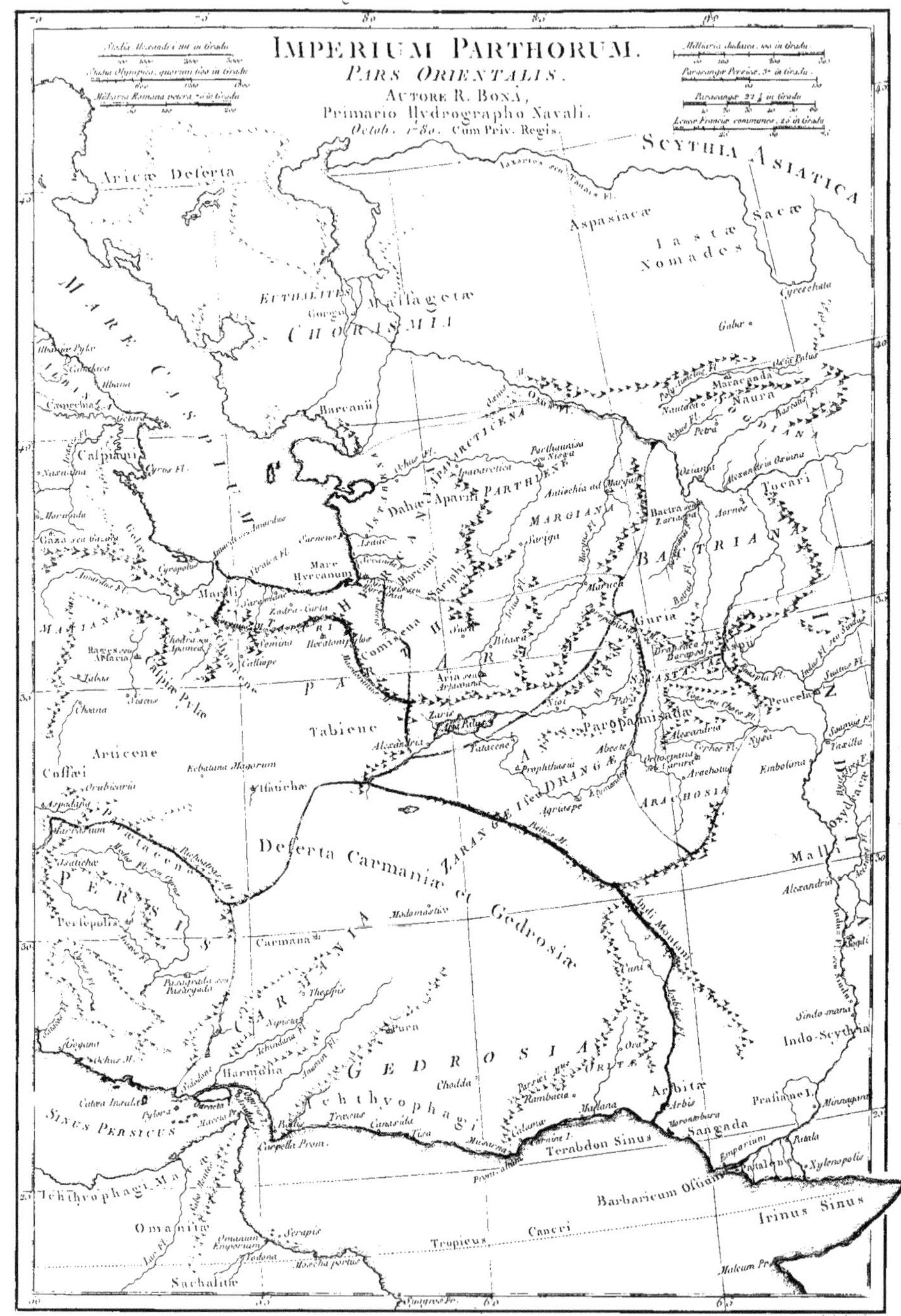

Longitude du Méridien de Paris

André scrip.

Longitude du Méridien de l'Isle de Fer

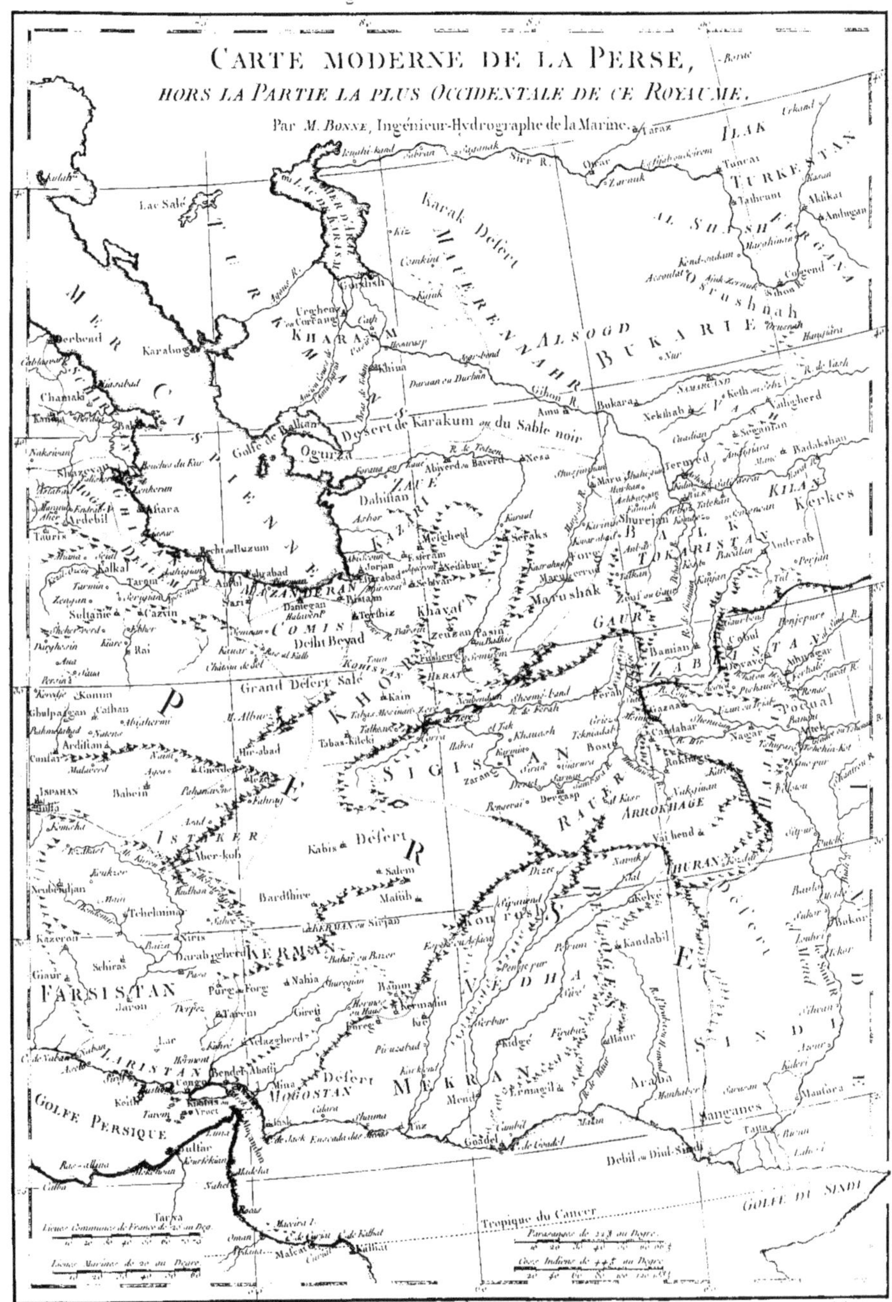

Longitude du Méridien de Paris

Longitude du Méridien de l'Isle de Fer

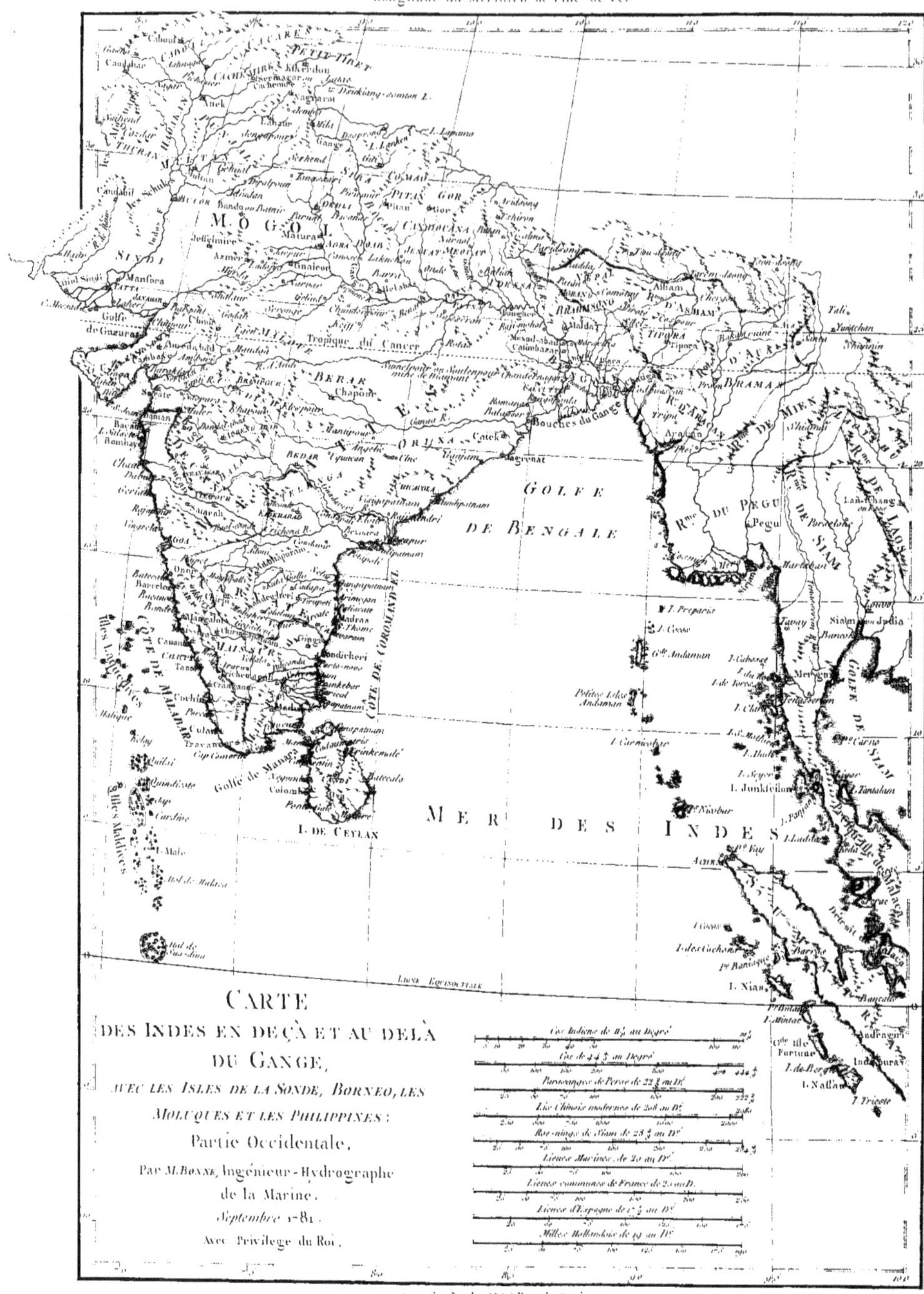

Longitude du Méridien de Paris

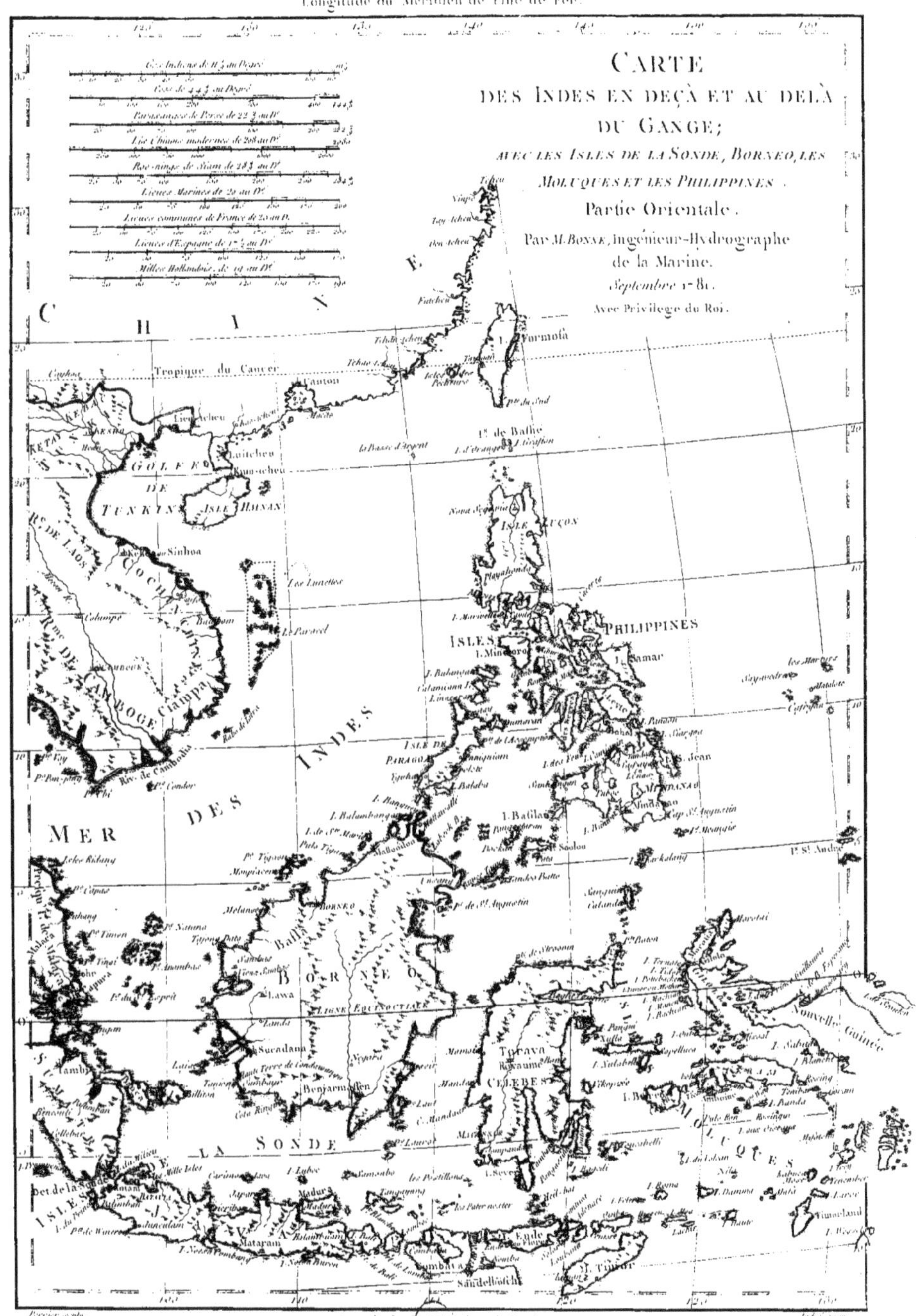
Longitude du Méridien de l'Isle de Fer.
CARTE
DES INDES EN DEÇÀ ET AU DELÀ
DU GANGE;
AVEC LES ISLES DE LA SONDE, BORNEO, LES
MOLUQUES ET LES PHILIPPINES.
Partie Orientale.
Par M. BONNE, Ingénieur-Hydrographe
de la Marine.
Septembre 1781.
Avec Privilege du Roi.
C H I N E
Tropique du Cancer
Canton
Macao
I. Formosa
GOLFE DE TUNKIN
ISLE HAINAN
Sinhoa
COCHINCHINE
Ciampa
Rme DE CAMBOGE
Rme DE LAOS
Riv. de Cambodia
Pe Condor
Les Lunettes
Le Paracel
MER DES INDES
ISLE LUÇON
ISLES PHILIPPINES
I. Mindoro
Samar
Leyte
S. Jean
MINDANAO
Cap St. Augustin
ISLE DE PARAGOA
I. Balabac
I. Balambangan
I. Basilan
Soolou
BORNEO
LIGNE EQUINOCTIALE
Lawa
Sucadana
Benjarmassen
CELEBES
Macassar
I. Ternate
I. Tidor
I. Bouro
Amboine
I. Banda
MOLUQUES
Nouvelle Guinée
Timor
Ende
Sumbava
Java
Madura
Mataram
I. Nossa Pombang
Sandelbosch
ISLES DE LA SONDE
SUMATRA
Jamby
Pe Timon
Pe Natuna
Les Postillons
Longitude du Méridien de Paris.

Longitude du Méridien de l'Isle de Fer.

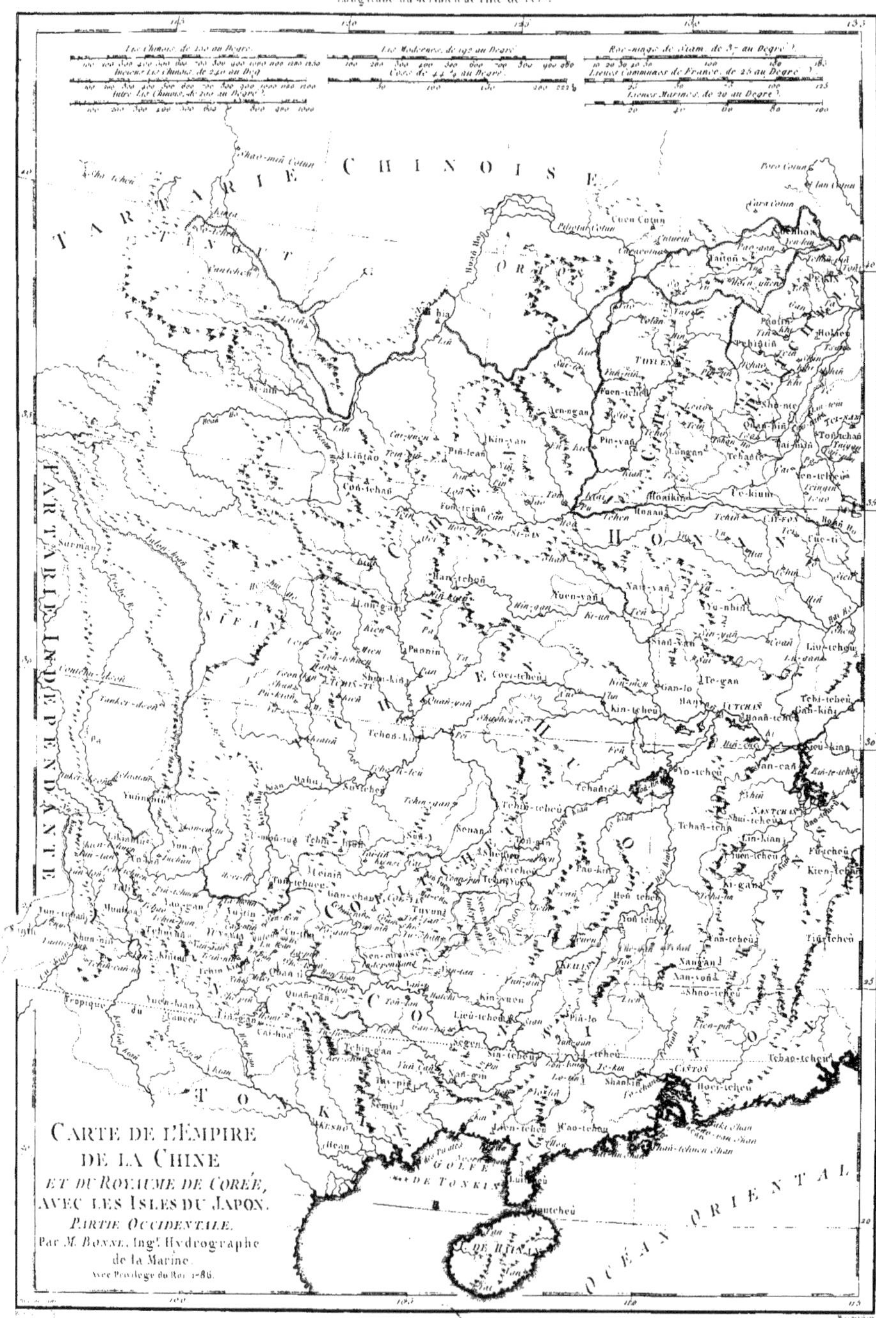

Longitude du Méridien de Paris.

Longitude du Méridien de l'Isle de fer.

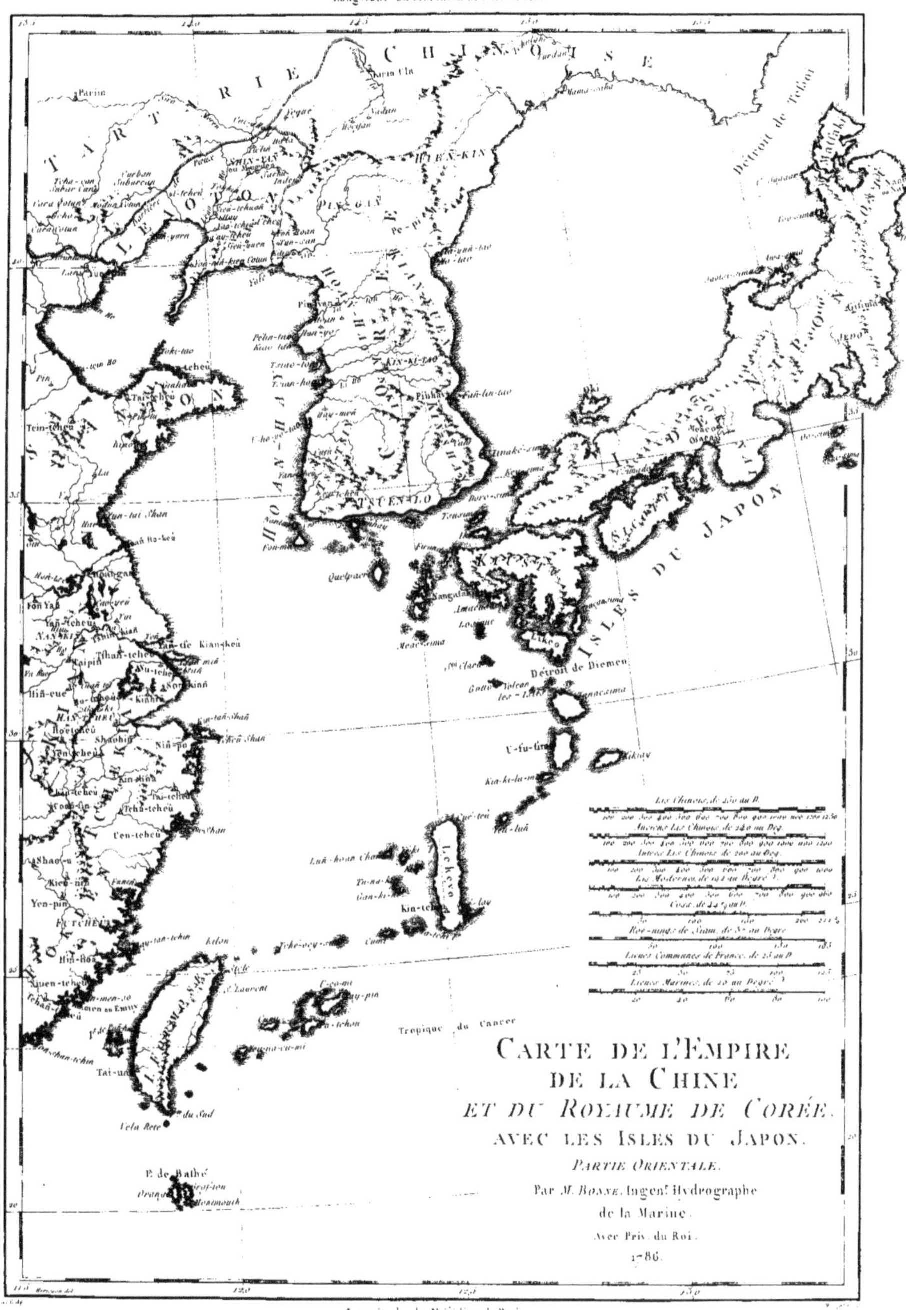

Longitude du Méridien de l'Isle de Fer.

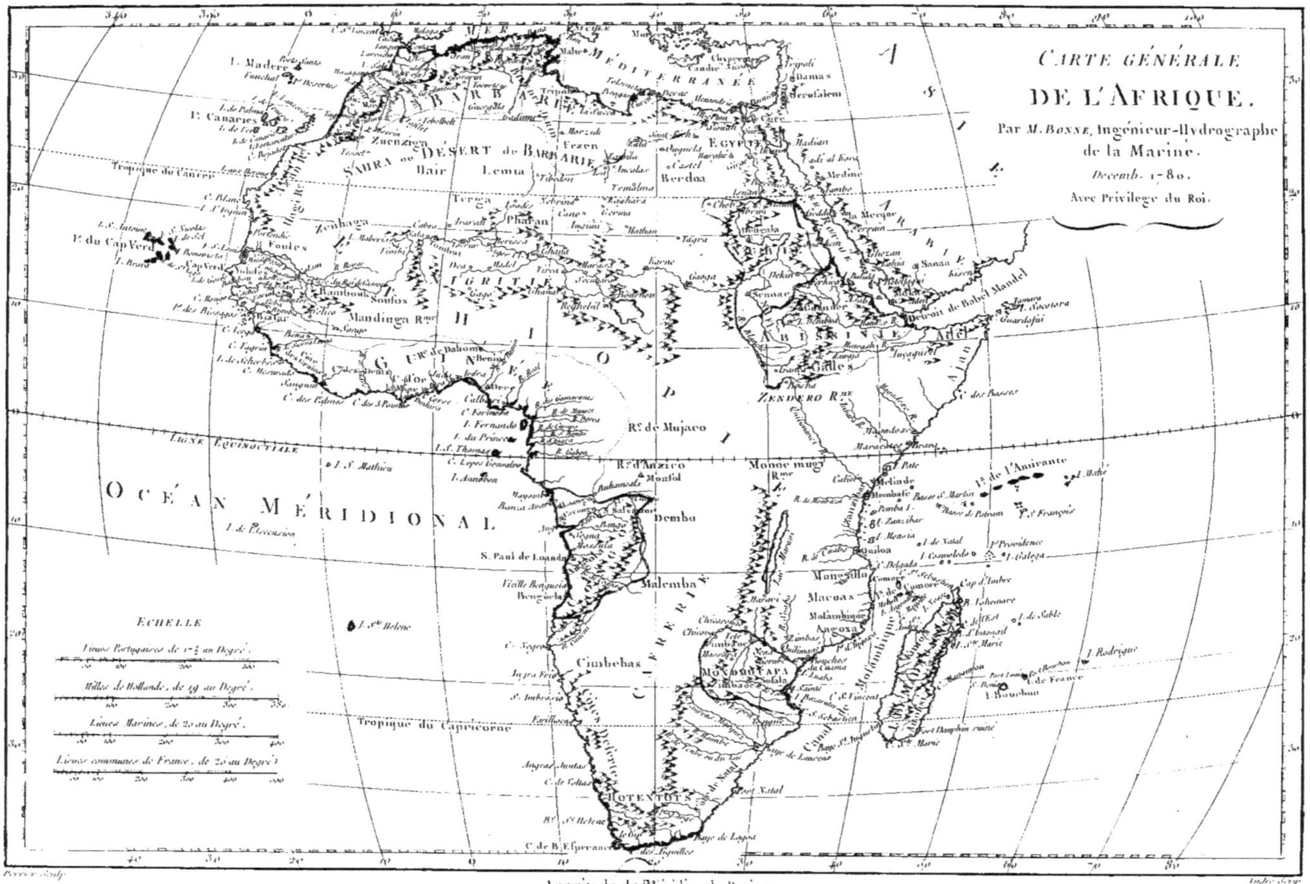

CARTE GÉNÉRALE DE L'AFRIQUE.

Par M. BONNE, Ingénieur-Hydrographe de la Marine.

Decemb. 1780.

Avec Privilege du Roi.

AFRIQUE

ASIE

MER MÉDITERRANÉE

BARBARIE

SAHRA ou DESERT de BARBARIE

EGYPTE

NIGRITIE

GUINÉE

ETHIOPIE

ABISSINIE

ARABIE

CAFRERIE

MONOMOTAPA

HOTENTOTS

OCÉAN MÉRIDIONAL

LIGNE EQUINOCTIALE

Tropique du Cancer

Tropique du Capricorne

ECHELLE

Lieues Portugaises de 17½ au Degré.

Milles de Hollande, de 19 au Degré.

Lieues Marines, de 20 au Degré.

Lieues communes de France, de 25 au Degré.

Longitude du Méridien de Paris.

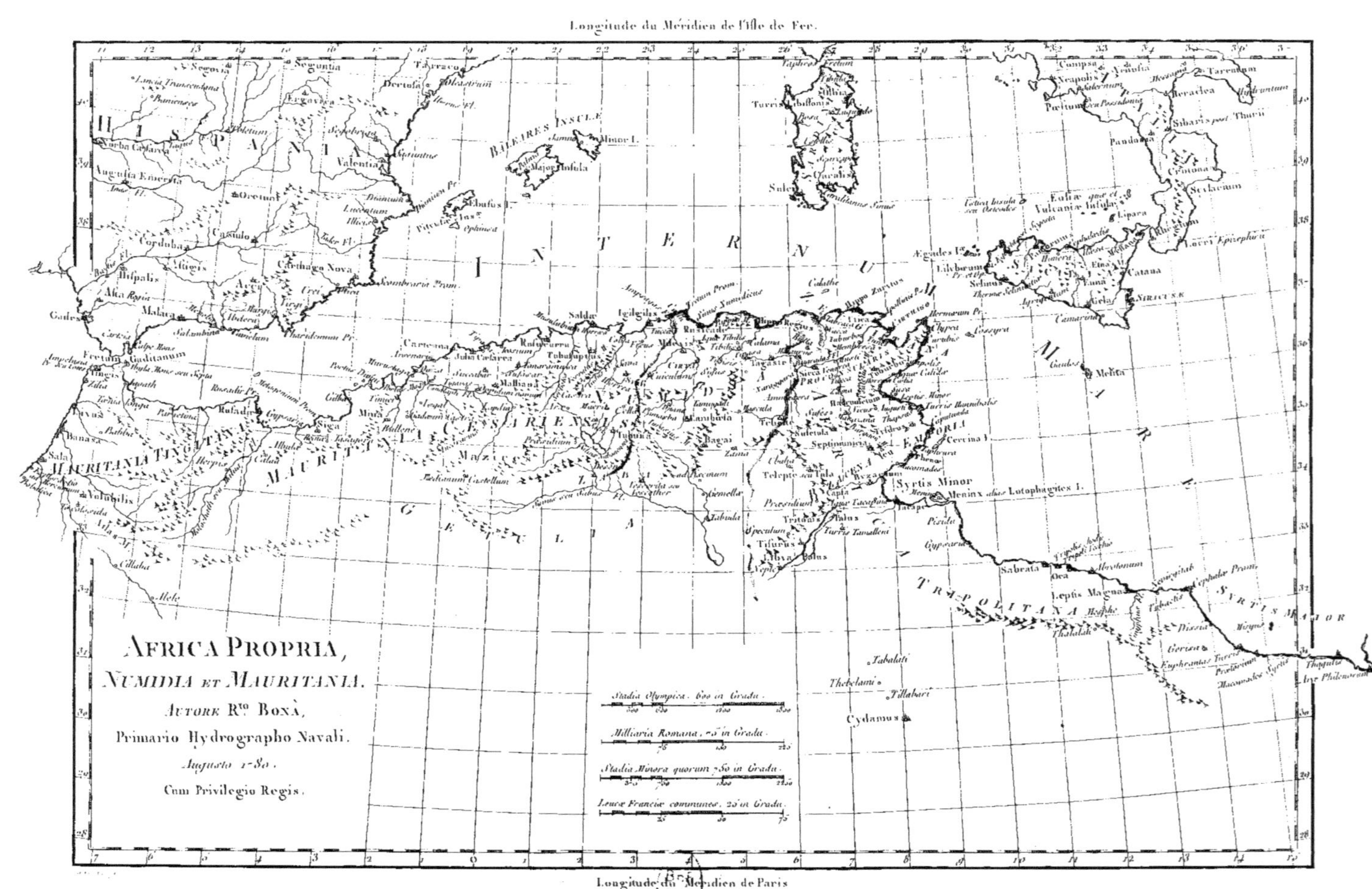

Longitude du Méridien de l'Isle de Fer.
AFRICA PROPRIA,
NUMIDIA ET MAURITANIA.
AUTORE Rto BONÀ,
Primario Hydrographo Navali.
Augusto 1780.
Cum Privilegio Regis.
Stadia Olympica. 600 in Gradu.
Milliaria Romana. 75 in Gradu.
Stadia Minora quorum 750 in Gradu.
Leucæ Franciæ communes. 25 in Gradu.
Longitude du Méridien de Paris
HISPANIA
BALEARES INSULÆ
Minor I.
Major Insula
MARE INTERNUM
Syrtis Minor
Meninx alias Lotophagites I.
TRIPOLITANA
SYRTIS MAJOR
MAURITANIA TINGITANA
MAURITANIA CÆSARIENSIS
GETULIA
Carthago Nova
Hispalis
Gades
Malaca
Corduba
Valentia
Tarraco
Dertosa
Segontia
Segovia
Augusta Emerita
Castulo
Sala
Volubilis
Tingis
Banasa
Siga
Saldæ
Igilgilis
Rusicade
Cirta
Melita
Ægades Is.
Lilybæum
Catana
Tarentum
Heraclea
Paestum
Compsa
Neapolis
Pandosia
Crotona
Scylacium
Lipara
Sabrata
Oea
Leptis Magna
Tabalati
Thebelami
Tillabari
Cydamus
Cercina I.
Telepte
Tabula
Turris Tamalleni
Sulci
Hippo Zarytus
Calathe

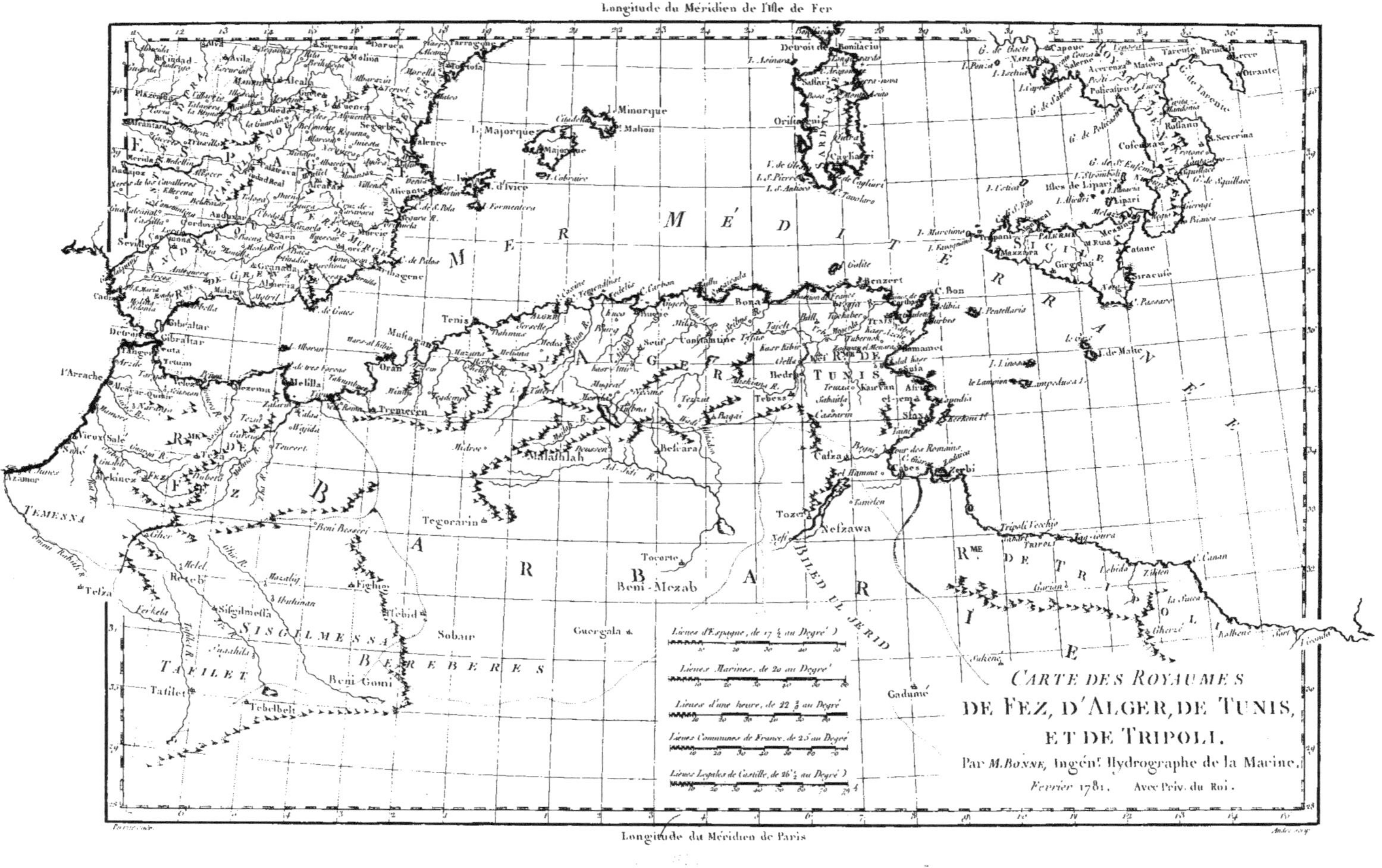
Longitude du Méridien de l'Isle de Fer
CARTE DES ROYAUMES
DE FEZ, D'ALGER, DE TUNIS,
ET DE TRIPOLI.
Par M. BONNE, Ingénr. Hydrographe de la Marine.
Fevrier 1781. Avec Priv. du Roi.
Lieues d'Espagne, de 17 ½ au Degré
Lieues Marines, de 20 au Degré
Lieues d'une heure, de 22 ⅔ au Degré
Lieues Communes de France, de 25 au Degré
Lieues Legales de Castille, de 26 ½ au Degré
MER MÉDITERRANÉE
BARBARIE
BILED UL JERID
SISGILMESSA
TAFILET
BEREBERES
TEMENNA
Tegorarin
Beni-Mezab
Guergala
Sobair
Tocorte
Nefzawa
Gadumé
Tozer
Beni-Bessert
Beni Gomi
Tatilet
Tebelbelt
Tefza
Algier
Constantine
Bona
Tunis
Tenis
Oran
Tremecen
Mostagan
Melilla
Gibraltar
Tanger
l'Arrache
Salé
Azamor
Tripoli
Sfax
Cafza
Gerbi
I. Majorque
I. Minorque
I. d'Ivice
I. Fermentera
I. de Malte
Sicile
Palerme
Sardaigne
Cagliari
Naples
Longitude du Méridien de Paris

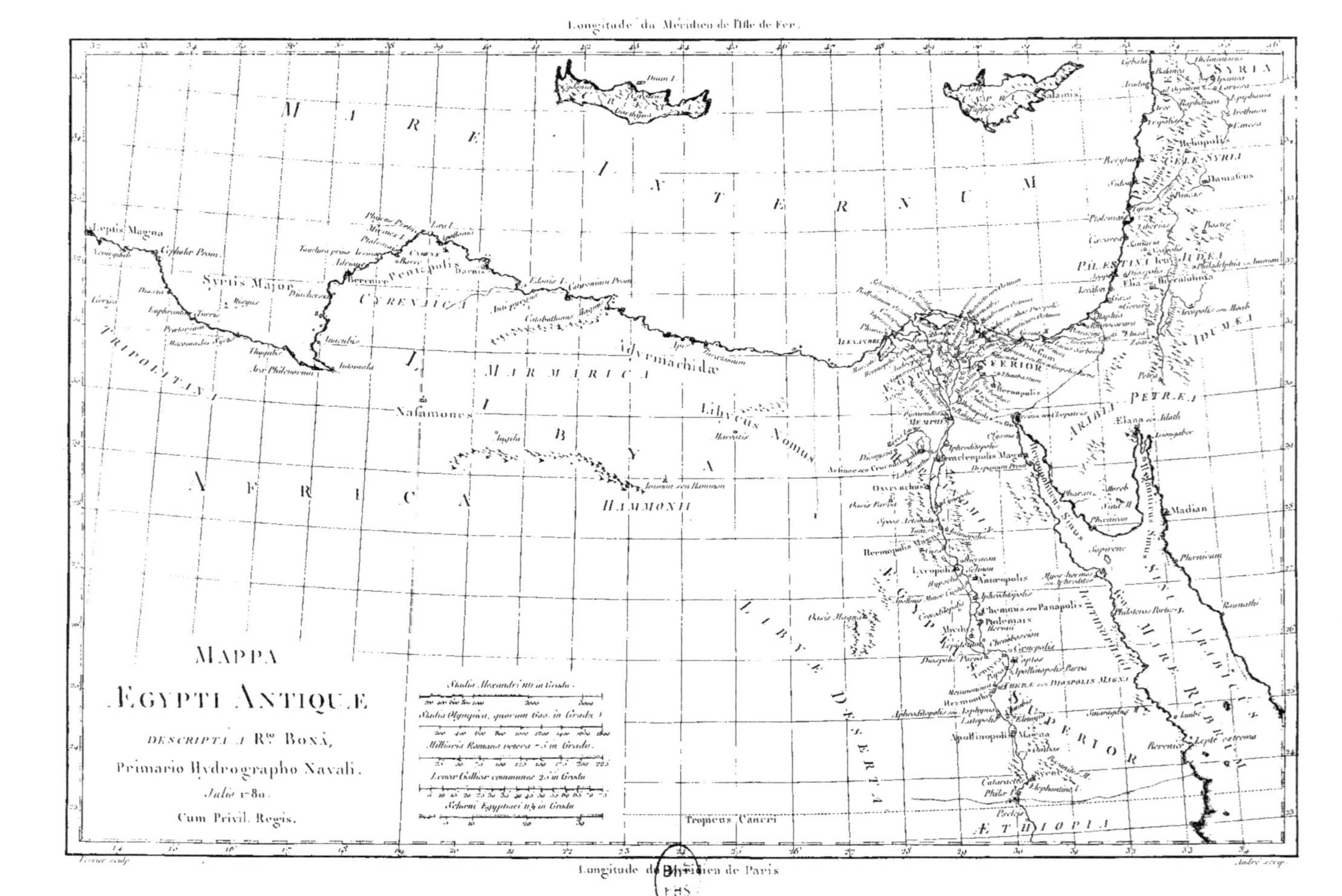
Longitude du Méridien de l'Isle de Fer.
MAPPA
ÆGYPTI ANTIQUÆ
DESCRIPTA A R^o BONÂ,
Primario Hydrographo Navali.
Julio 1780.
Cum Privil. Regis.
Stadia Alexandri 1111 in Gradu.
Stadia Olympica, quorum 600 in Gradu.
Milliaria Romana vetera 75 in Gradu.
Leucæ Gallicæ communes 25 in Gradu.
Schœni Egyptiaci 1/4 in Gradu
MARE INTERNUM
AFRICA
LIBYA
MARMARICA
CYRENAICA
Pentapolis
TRIPOLITANI
Syrtis Major
Leptis Magna
Berenice
Barnis
Nasamones
Ammon seu Hammon
HAMMONII
Libycus Nomus
Marmaridæ
LIBYE DESERTA
MEMPHIS
ÆTHIOPIA
SYRIA
PALÆSTINA seu JUDEA
IDUMÆA
ARABIA PETRÆA
MARE RUBRUM
SINUS ARABICUS
Heroopolites Sinus
Elanites Sinus
Madian
Salamis
Damascus
Heliopolis
Tropicus Cancri
Longitude du Méridien de Paris

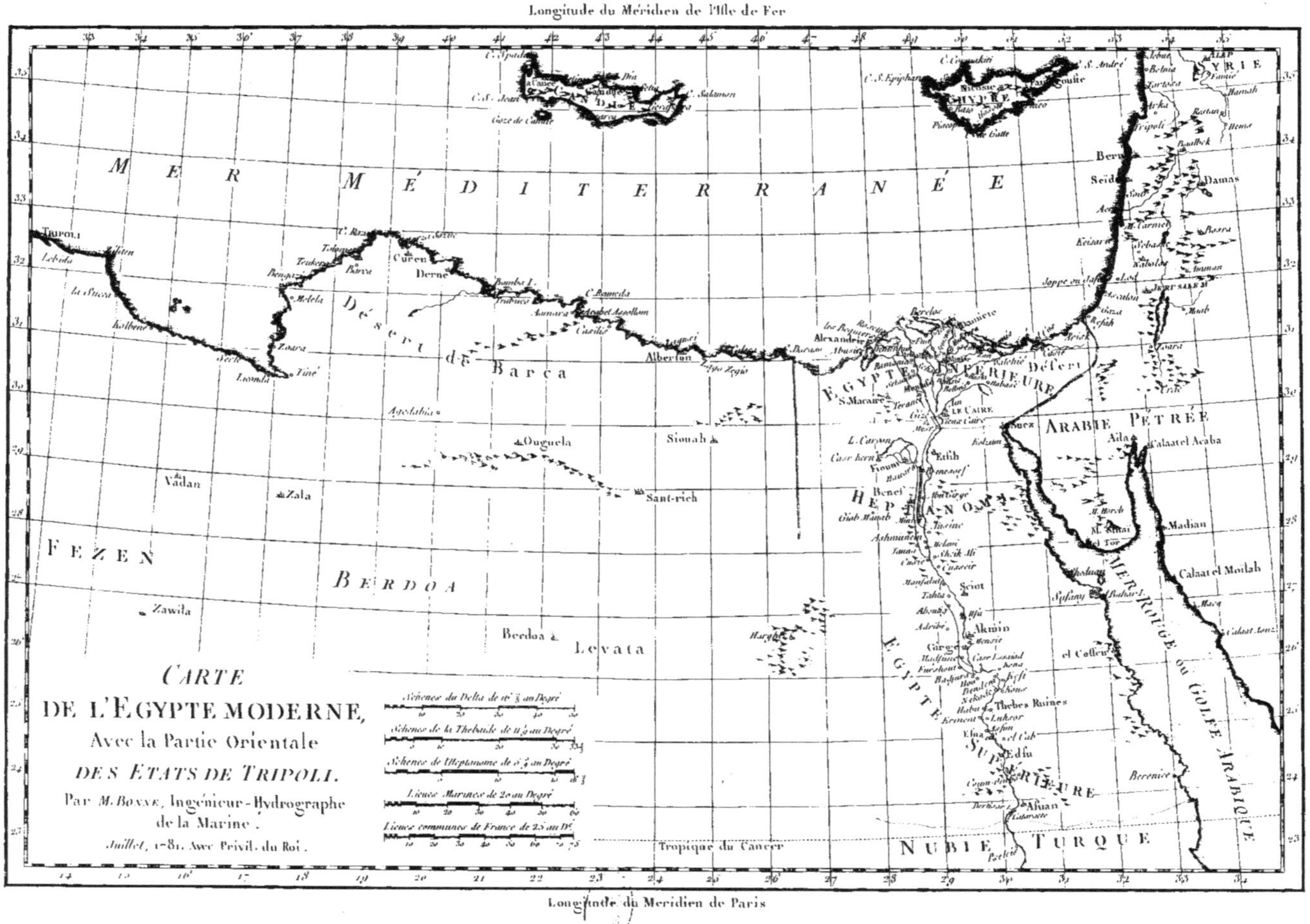

Longitude du Méridien de l'Isle de Fer
CARTE
DE L'EGYPTE MODERNE,
Avec la Partie Orientale
DES ETATS DE TRIPOLI.
Par M. Bonne, Ingénieur-Hydrographe
de la Marine.
Juillet, 1781. Avec Privil. du Roi.
Schenes du Delta de 16 ⅔ au Degré
Schenes de la Thebaide de 11 ⅑ au Degré
Schenes de l'Heptanome de 8 ¾ au Degré
Lieues Marines de 20 au Degré
Lieues communes de France de 25 au Dé.
MER MÉDITERRANÉE
EGYPTE INFERIEURE
HEPTANOME
EGYPTE SUPERIEURE
ARABIE PETRÉE
MER ROUGE ou GOLFE ARABIQUE
NUBIE TURQUE
SYRIE
CHYPRE
CANDIE
Désert de Barca
BERDOA
FEZEN
Levata
TRIPOLI
Alexandrie
LE CAIRE
Damas
Tropique du Cancer
Longitude du Méridien de Paris

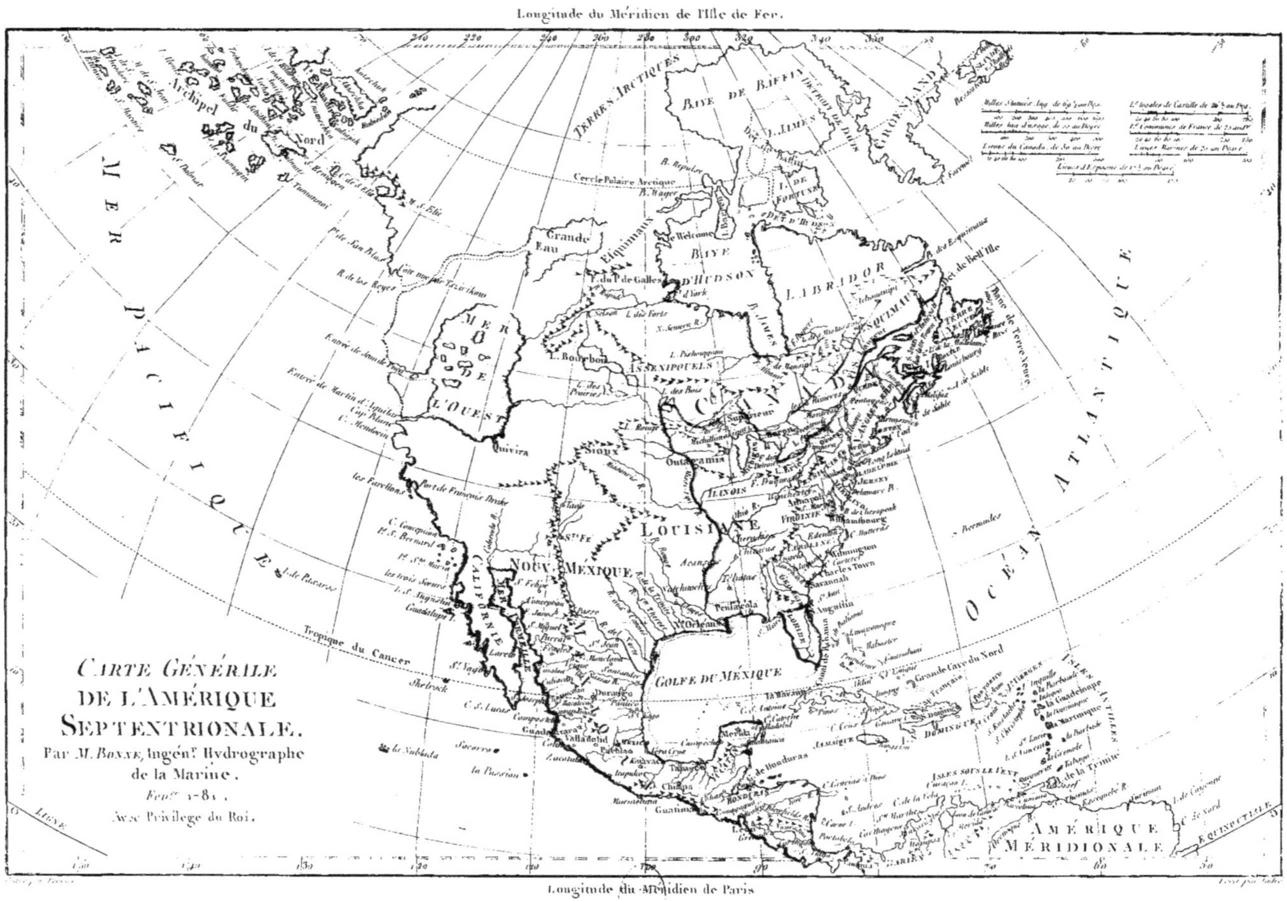

Longitude du Méridien de l'Isle de Fer.

CARTE GÉNÉRALE DE L'AMÉRIQUE SEPTENTRIONALE.

Par M. Bonne, Ingénr. Hydrographe de la Marine.

Fenᵉˢ 1-81.

Avec Privilege du Roi.

Longitude du Méridien de Paris

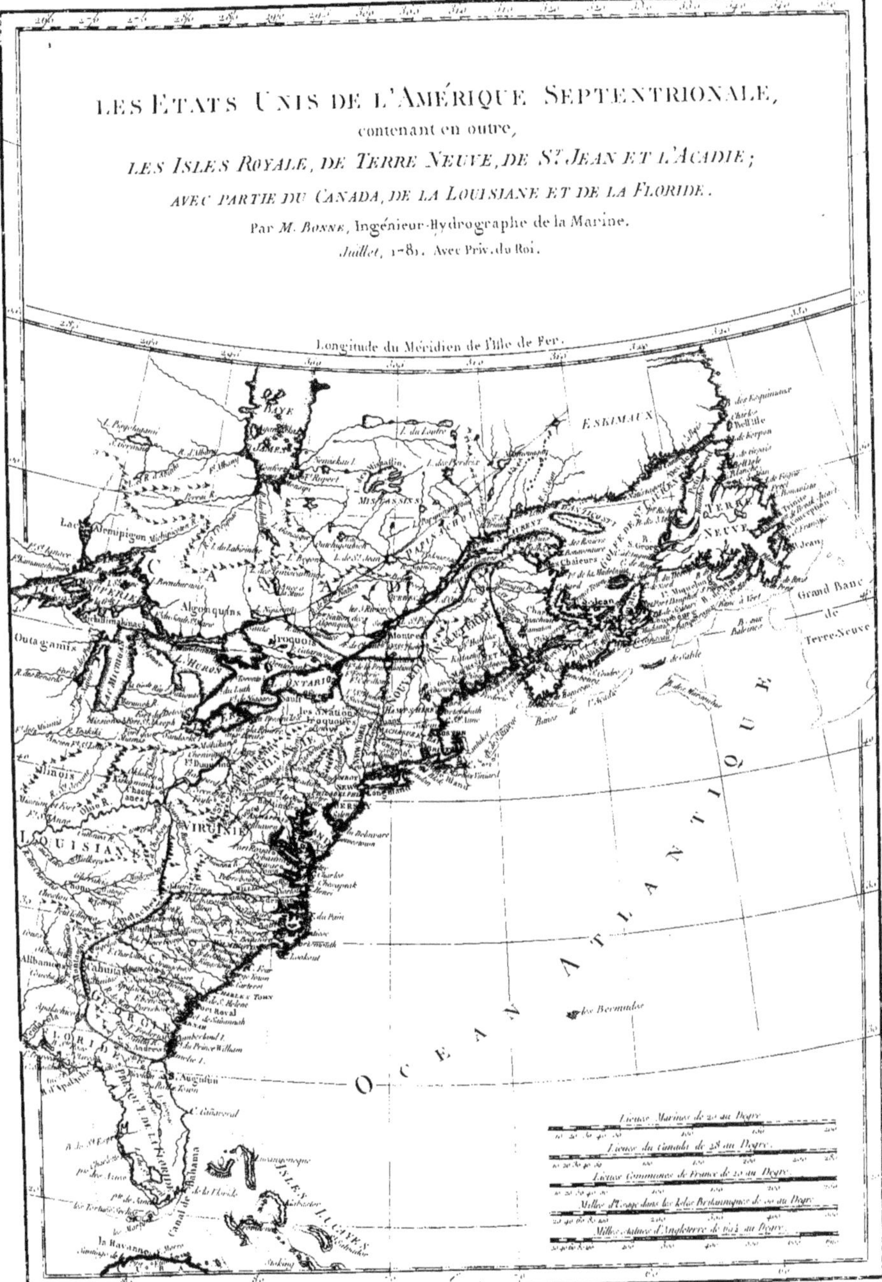

Longitude du Méridien de Paris.

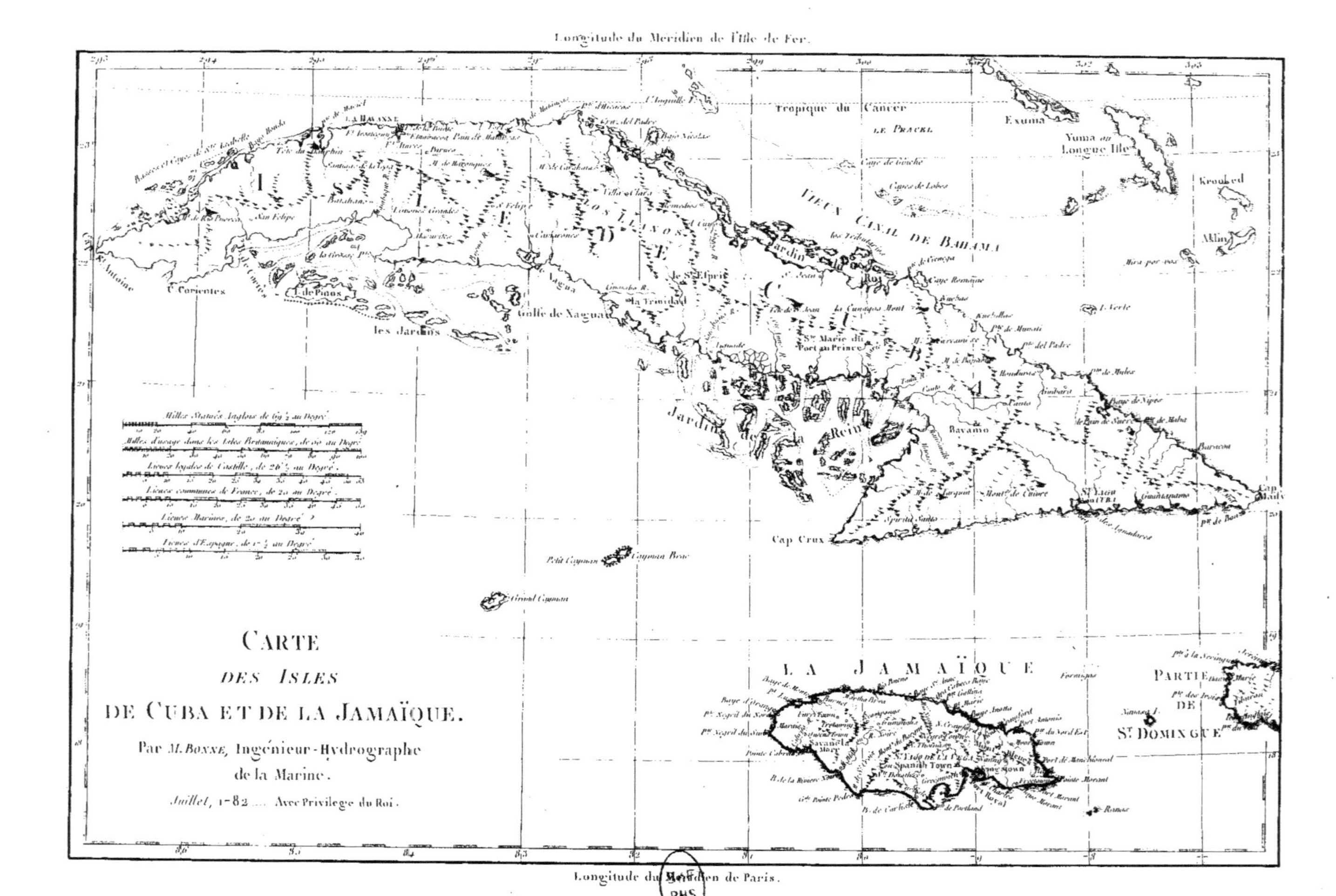
Longitude du Meridien de l'Isle de Fer.
Tropique du Cancer
Vieux Canal de Bahama
La Havanne
Isle de Cuba
Los Llanos
C. Corrientes
I. de Pinos
les Jardins
Golfe de Xagua
la Trinidad
St. Marie du Port au Prince
Bayamo
Jardin de la Reine
Cap Crux
Exuma
Yuma ou Longue Ile
Krooked
Petit Cayman
Cayman Brac
Grand Cayman
La Jamaïque
Spanish Town
Partie de St. Domingue
Milles Statues Anglois de 69½ au Degré
Milles d'usage dans les Isles Britanniques, de 60 au Degré
Lieues legales de Castille, de 26⅔ au Degré
Lieues communes de France, de 25 au Degré
Lieues Marines, de 20 au Degré
Lieues d'Espagne, de 17½ au Degré
Carte des Isles de Cuba et de la Jamaïque.
Par M. Bonne, Ingénieur-Hydrographe de la Marine.
Juillet, 1782 ... Avec Privilege du Roi.
Longitude du Meridien de Paris.

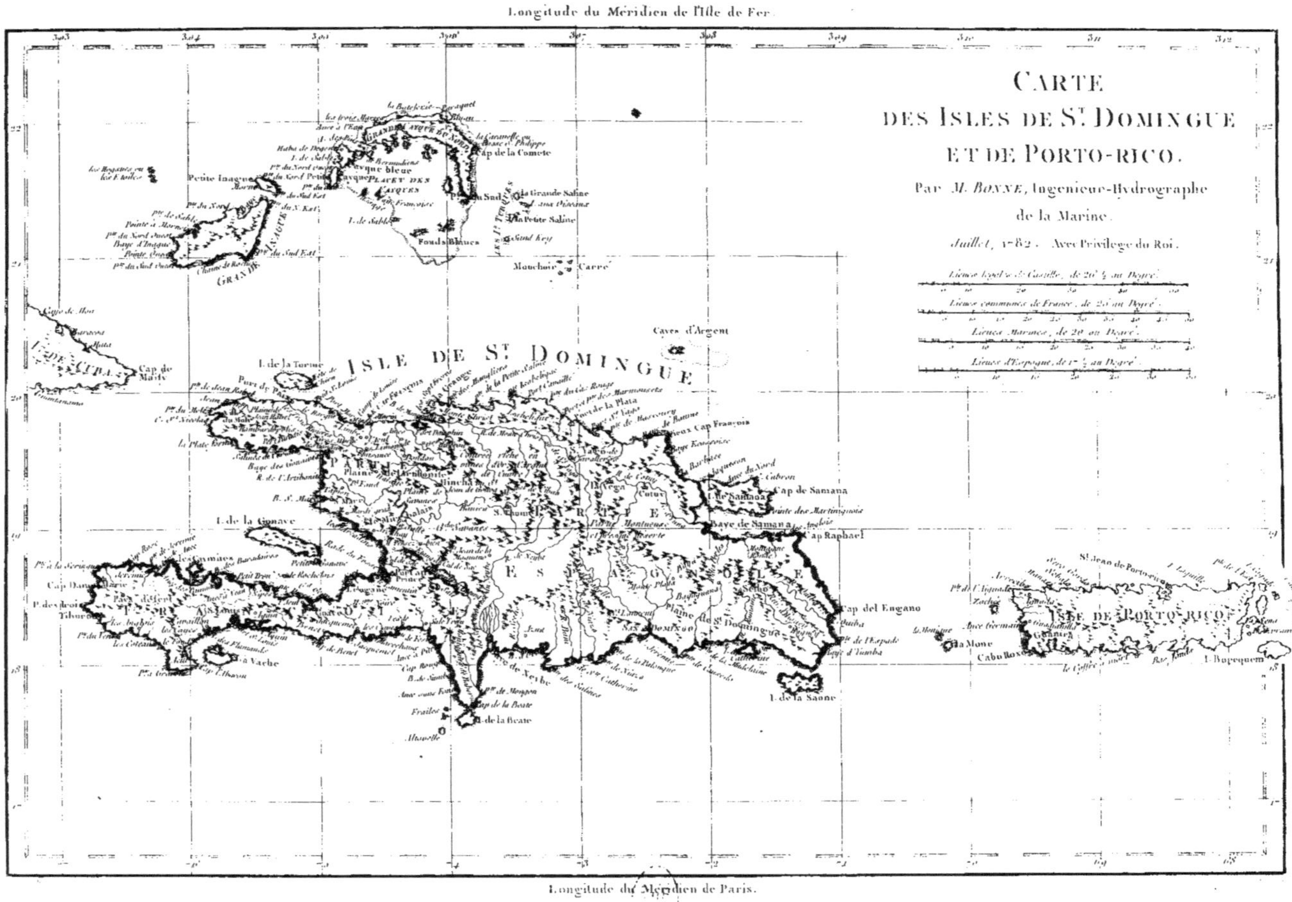

Longitude du Méridien de l'Isle de Fer.

CARTE DES ISLES DE St. DOMINGUE ET DE PORTO-RICO.

Par M. BONNE, Ingenieur-Hydrographe de la Marine.

Juillet, 1782. Avec Privilege du Roi.

Lieues Legales de Castille, de 26 ½ au Degré.

Lieues communes de France, de 25 au Degré.

Lieues Marines, de 20 au Degré.

Lieues d'Espagne, de 17 ½ au Degré.

ISLE DE St. DOMINGUE

ISLE DE PORTO-RICO

Caves d'Argent

Mouchoir Carré

Petite Inague

Cap de la Comete

la Grande Saline

la Petite Saline

Fonds Blancs

I. de la Tortue

Port de Paix

I. de la Gonave

Cap de Maisy

Cap de Samana

Baye de Samana

Cap Raphael

Cap del Engano

I. de la Saone

I. de la Beate

St. Jean de Porto-rico

la Mone

Cabo Roxo

I. Boriquem

Longitude du Méridien de Paris.

Longitude du Méridien de l'Isle de Fer.

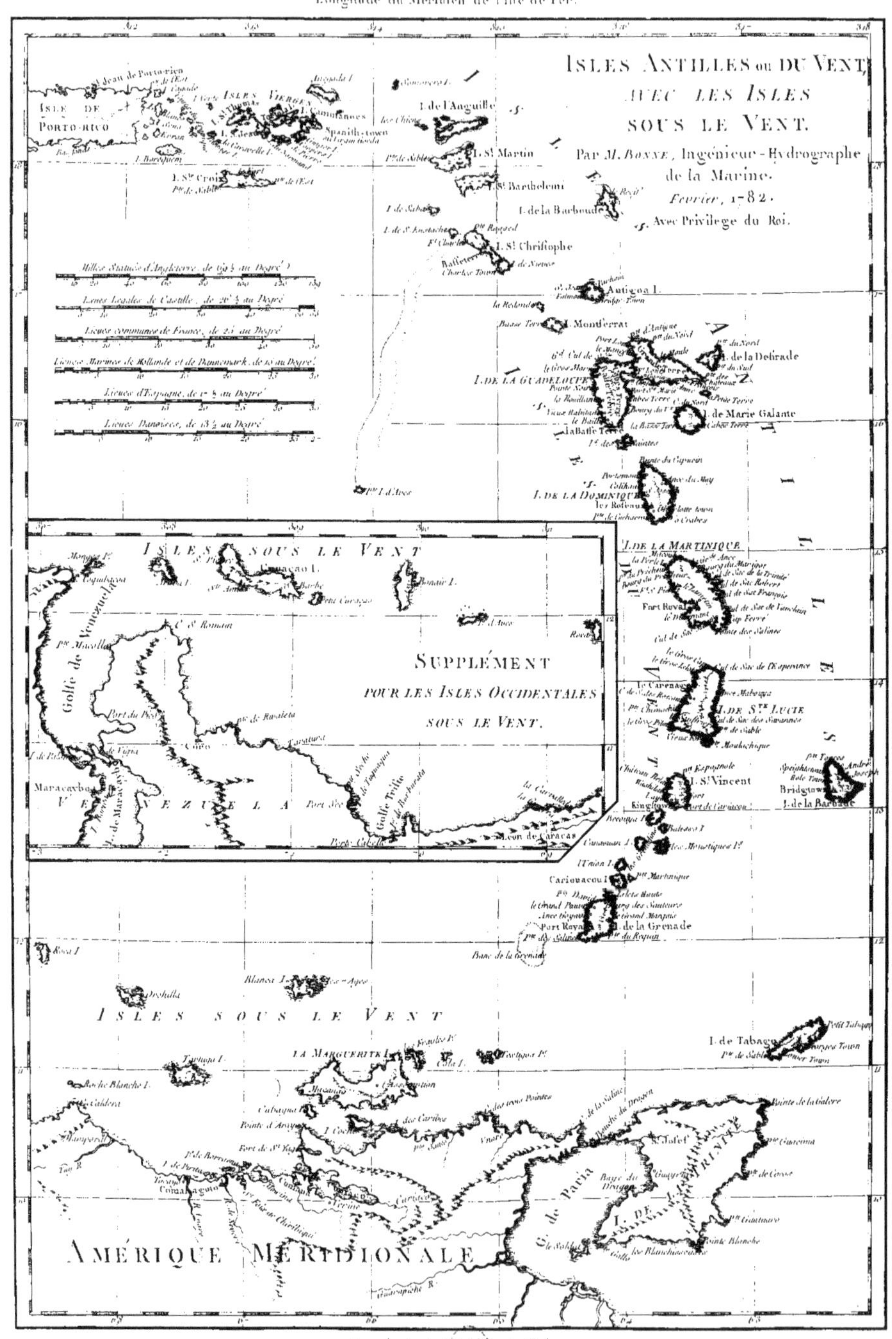

Longitude du Méridien de Paris.

CARTE GÉNÉRALE
DE L'AMÉRIQUE
MÉRIDIONALE.
Par M. Bonne, Ingénr. Hydrographe
de la Marine.
Fev. 1781.
Avec Privilege du Roi.
LIGNE EQUINOCTIALE
Tropique du Capricorne
MER DU SUD
OCÉAN MÉRIDIONAL
NOUVle. ANDALOUSIE ou PROV. DE GUYANE
PAYS DES AMAZONES
BRESIL
CAMPOS DE PARESIS
CHACO
PARAGUAY
CHILI
Pampas
Buenos Ayres
Rio de la Plata
MATTO GROSSO
Chiquitos
MOXOS
Quito
LIMA
Santiago
Valparaiso
I. de Chiloe
Dét. de Magellan
Isles Malouines ou Falkland
C. de Horn
Isles de Gallapagos
RIO JANEIRO
Longitude du Méridien de Paris